PARISIANISMES POPULAIRES.

DE QUELQUES

PARISIANISMES POPULAIRES

ET

D'AUTRES LOCUTIONS

NON ENCORE OU MAL EXPLIQUÉES,

PAR

CHARLES NISARD.

GAND,

IMPRIMERIE EUG. VANDERHAEGHEN, RUE DES CHAMPS.

—

1875.

DE QUELQUES PARISIANISMES POPULAIRES,

ET D'AUTRES LOCUTIONS NON ENCORE OU MAL EXPLIQUÉES.

Le petit travail que j'offre ici aux lecteurs de la *Revue*, leur donnera une idée de la méthode que j'avais suivie dans la composition de mon Dictionnaire du langage populaire parisien, brûlé en manuscrit à l'hôtel-de-ville de Paris, par les suppôts de la Commune Parmi trois à quatre mille mots et locutions dont j'ai encore les fiches, mais sans explications malheureusement, et sans indication d'exemples à l'appui, j'ai fait choix d'un certain nombre de ceux qui sont les plus curieux et qui, pour la plupart, sont de purs *parisianismes*; je les ai expliqués de nouveau, j'en ai recherché les exemples dans les auteurs que j'avais pris soin de coter sur mes fiches, et dans cet état, je les livre au public comme un échantillon du Dictionnaire que le pétrole a dévoré.

J'appelle *parisianismes* certains mots, certains tours et certaines locutions figurées ou non, essentiellement propres au langage populaire de Paris, aux diverses époques où je l'ai étudié, et dans les livres mêmes qui, bien qu'écrits en langage commun, ont mêlé à leur style plus ou moins de cette piquante saumure. Ces mots, ces tours, ces locutions ne sont pas de nature à être revendiqués par l'argot, quoiqu'ils aient quelquefois avec lui un air de famille. Certaines métaphores en ont peut-être le cynisme ou la violence, mais elles ont en propre, pour la plupart, cet esprit, ce pittoresque et cette allure primesautière qui font passer sur la grossièreté de la forme, et qui éclatent et brillent comme des fusées dans une nuit obscure.

L'argot, plus prémédité, pour ainsi dire, plus recherché, plus travaillé, surtout depuis que le journalisme s'occupe de l'enrichir, n'offre guère ces qualités qu'à l'occasion d'un mot isolé, d'une similitude, d'un rapprochement ou d'un quiproquo; il a peu de ces figures de pensées qui jaillissent naturellement

1

du langage simplement populaire, et lui constituent en quelque
sorte une rhétorique.

Il est vrai que ces figures ne sont pas toutes également faciles
à comprendre ; il en est même quelques-unes qui sont restées
pour moi lettres closes et qui semblent défier toutes conjectures raisonnables ; mais je doute que la génération lettrée, pos-
térieure à l'époque qui les a vues naître, les ait entendues
davantage. Car, qui pensait alors qu'elles valussent la peine
d'être expliquées, non plus que les écrits où elles se rencontrent,
celle d'être lus ? Mais ce n'est pas une raison pour penser de
même aujourd'hui. N'est-il pas en effet singulier que dans les
classiques du genre, tels que Vadé et De Lécluse, on rencontre
des expressions françaises d'ailleurs très incompréhensibles, et
que les nombreux éditeurs de ces classiques, depuis plus de
cent ans, n'aient ni voulu ni su les interpréter ? Et cependant,
il est de toute évidence que ces locutions ont trait généralement
à des usages et même à des faits historiques contemporains,
dont les Parisiens, en particulier, seraient bien aises d'avoir
la clef.

Dans le genre de figures que je rappelle ici, le peuple de
Paris a excellé de tout temps, et alors surtout qu'il n'était pas
encore gâté par la lecture des journaux écrits, dit-on, pour son
plaisir et pour son instruction. Il y a bien profité sans doute ;
le malheur est que non seulement Paris, mais toute la France
en ont payé la folle enchère. Depuis qu'il fait ses études sous
de pareils maîtres, il a à peu près oublié ses anciennes métaphores ; il ne fait plus que des mots.

Les autorités que j'invoque à l'appui de mes exemples, sont
les mêmes que celles que j'ai suivies dans mon *Étude* (¹). Il ne
faut pas se plaindre si parfois je suis un peu prolixe soit dans
mes indications, soit dans mes citations. Les ouvrages ou les
opuscules que j'allègue et où j'ai puisé mes exemples, sont
presque tous devenus si rares, qu'on ne sait plus où ni comment les trouver. Ils ont de plus quelquefois des titres luxu-
riants et qu'il n'est pas toujours facile d'émonder. J'ai toutefois
opéré de telle sorte que si quelqu'un, voulant avoir ou voir

(¹) Un vol. in-8°. A Paris, chez Frank, rue Richelieu, 67.

ces livres, n'a pu venir à bout de se les procurer, il aura su du moins comment les demander ([1]).

A.

Abîme (J')! Espèce de jurement, d'imprécation faite contre soi-même. Ce mot ne s'employe dans ce sens qu'à la première personne. Il équivaut à : Que je sois confondu !

« En v'rité d'Dieu, c'est vrai, ou j'*abime!* »

« J'n'y pompons jamais un coup que ce n'soit à vot' santé. C'est vrai, ou j'*abime!* »

> Amusemens à la Grecque, ou les Soirées de la Halle, par un ami de feu Vadé; avec quelques pièces détachées tant en vers qu'en prose du même auteur. A Athènes, dans le tonneau de Diogène, et se vend à Paris, chez Cuissart. in-12, 1764. pp.18 et 51.

A d'autres, ceux-là sont frits. Donnez-nous d'autres raisons, celles-là ne valent plus rien.

ISABELLE.

« Les mariages sont écrits t'au ciel pour s'épouser, et si mon père veut me conjoindre avec un autre... j'irai me jeter dans les bras d'un cloître...

LÉANDRE.

« *A d'autres, Mamselle, ceux-là sont frits;* vous voulez en m'attendrissant gagner du temps. »

> Léandre hongre, parade, sc. VIII ; dans le Théâtre des Boule-vards, T. I, p. 218. 1756, 3 vol. in-12.

Cette locution est tirée de la manière dont on fait la friture de poisson. Quand les premiers poissons qu'on a jetés dans la poêle sont frits, on les retire et on en jette d'autres. Cette locution doit naturellement son origine aux académiciennes de la halle au poisson. Cette image d'une couleur si vive paraît être abandonnée aujourd'hui. Elle est remplacée par cette expression ironique, plus laconienne, mais tout-à-fait incolore : *Connu!*

Adjutorion. Aide.

> Si c'étoit ces bonnes ripailles,
> Ces biaux festins et ces gogailles,

([1]) Je ne donne ici le titre *en son entier* de chaque ouvrage, que la première fois que je le cite ; toutes les autres fois, je ne le donne que très abrégé.

Où qu'igna tant de brimborions,
De ragoûts, d'*adjutorions;*
Où par mots fins, par drôleries,
Joyeusetez, plaisanteries,
Chacun gausse, se réjouit,
Et sa rate s'épanouit.
Passe cor.

> Troisième harangue des Habitans de Sarcelles à Mgr l'archevêque de Paris, au sujet des miracles, prononcée au mois de mai 1732, p, 118; dans Pièces et Anecdotes intéressantes, savoir: les Harangues des Habitans de Sarcelles (par Jouin), un Dialogue des bourgeois de Paris, etc., qui n'ont point encore été publiées; le Philotanus (par Grécourt), et le Portefeuille du diable, qui en est la suite. Deux parties. A Aix, en Provence, aux dépens des Jésuites, l'an de leur règne 210. Utrecht, 1755, 2 vol. in-12.

Adjutorion est le mot latin *adjutorium* prononcé à la française, comme on prononçait aussi *Te Déon, minimon,* pour Te Deum, minimum.

Dans le passage cité, il signifie les hors-d'œuvres qui entretiennent ou aident l'appétit, et sont comme les éperons de l'estomac.

On disait encore *ajustorions* pour atours, ajustements, parure.

« Mais que vois-je? Ons-je la berlue? avec tous ses biaux *ajustorions*-là. C'est mamselle Agathe, Dieu me pardonne! »

> La Partie de chasse de Henri IV, par Collé. Act. II, sc. II, in-18. 1774.

AFFUT (Être d'). Se dit d'un homme qui est toujours sur ses gardes, qui ne se laisse prendre à aucuns piéges, malin, avisé, fûté. « Un homme d'affût », disent les Picards. Et les Parisiens : « Un vivant d'affût, un luron d'affût, un garçon d'affût. » Toutes ces qualifications emportent l'idée d'un éloge, et consacrent, pour ainsi dire, celui qui en est l'objet.

Le roi qu'est un *vivant d'affût,*
Fit tout trembler quand il parut.
Par là, sacredié, queu compère!
Pour fiche un fiou, à li le père.

> VADÉ. Chanson sur la prise de Menin en 1744.

« C'est un *garçon d'affût* qui connoît la forme et le fond du méquier. »

> L'Amant de retour, vaud. par Guillemin, sc. V, in-12. 1780.

Affûter (s'), pour se préparer, se disposer à, est encore un parisianisme très-usité. Ce mot implique le plus haut degré d'attention, de prudence, de prévoyance dans la personne dont on parle. On se *dispose* à faire une promenade, mais on *s'affûte* quand on veut se marier.

« J'avons appris itou que Margot la Soneuse dait bian-tôt sonner aveuc vous un branle d'épousailles... Je craignons tant seulement qu'alle ne vous faisit tourner la tête, en faisant tourner son moulin aveuc Jacob, le sacristain... Dame, *affûtés*-vous, si le bat vous mouille. Mais ça sachera, comme l'an dit. »

> Lettres de Montmartre, par M. Jeannot Georgin (Antoine-Urbain Coustelier). Londres, in-18. 1750.

Si l'on remonte à l'origine de ce mot *affût,* tel qu'il est employé dans ces différentes locutions, on voit combien il s'est écarté de sa signification primitive en même temps qu'il a changé de forme. Il vient du bas latin *fusta,* précédé de la préposition *a,* et qui veut dire *fuste,* ou pièce de bois. *Affutaige* en est venu, qui s'écrivait aussi *effutaige.* On entendait par là une sorte de droit que tout compagnon entrant chez un nouveau maître, était tenu de lui payer. C'était, dirais-je volontiers, une espèce de *droit d'outils.*

On lit dans des *Statuts* de l'an 1468 ([1]) le passage qui suit :

« Item que les compaignons qui vouldront ouvrer dessoubz maistres, seront tenuz de poier audiz maistres douze deniers pour leur *affutaige.* »

Et ailleurs, dans des *Lettres de grâce* de l'an 1471 : ([2])

« Lesquels compaignons conclurent aler veoir ung aultre charpentier... pour lui demander son *effutaige,* comme ilz disaient estre la coustume entre les charpentiers de par de là, quant ilz changent atelier nouvel. »

Le maître fournissait donc, et à titre de prêt sans doute, les outils dont les compagnons se servaient pour l'exécution de ses travaux. L'ensemble de ces outils constituait donc l'*affutaige,* on dirait aujourd'hui l'équipement des compagnons, et, comme les exemples en sont très-nombreux sous le régime féodal, le nom de la chose même est devenu commun au droit

---

([1]) Du Cange, éd. Didot ; au mot *Fusta.*
([2]) Ib. ibid.

qu'il fallait payer pour êtrc mis en jouissance de cette chose.

Ainsi (et l'exemple allégué ci-dessus de l'*Amant de retour*, semble en être un souvenir, sinon une preuve), un homme d'*affût*, un vivant, un luron, un garçon d'*affût*, sont des équivalents de compagnon d'*affutaige*. Ce mot s'est apocopé dans la suite d'autant plus facilement que le mot *affût*, quoique pris dans un autre sens, existait dans la langue, et que l'analogie, une des sources les plus abondantes des vices de prononciation et de langage, l'a fait adopter et l'a maintenu définitivement.

Affûter s'écrivait *affuster* dans le vieux français; il procède du bas latin *fustare* qui signifiait fouetter ou battre avec des baguettes ou verges, et exprimait lui-même l'action de diriger un bâton contre quelqu'un, avec la menace de l'en frapper. On lit dans des *Lettres de grâce* de l'an 1415: (¹)

« Le petit homme prist le cheval d'icellui Alain par la bride, et *affusta* son plançon à la poitrine dudit Alain. »

Je remarque que M. Littré n'a pas donné d'exemple de cette signification importante dans son Dictionnaire.

AIR (Voir en l'). Voir rapidement, vaguement, soit lorsque l'objet regardé disparaît trop vîte, soit lorsqu'on le regarde sans y faire grande attention.

Margot du Batoir, blanchisseuse au Gros-Caillou, racontant qu'elle a vu la dauphine, Marie-Antoinette, quand cette princesse arriva à Paris, le 15 Mai 1770, s'exprime ainsi :

> Pourtant je n' l'ons *vu qu'en l'air*,
> Car ça pass' comme un éclair.
> Mais l' jour qu' dans la plac' Louis Quinze
> L' feu d' la Ville on tirera,
> J' gageons bin cent contre quinze
> Qu' pus long not' plaisir d'viendra.

Arrière-propos ou l'Egayage d'Margot du Batoire, blanchis-chisseuse du Gros-Caillou ; chanson par elle accouplée aux autres en magnière d' pass' temps, le 15 Mai 1770, sur la bonne arrivée d' Mamsell' l'Archiduchesse Marie-Antoinette, p. 10; dans L' Pompier on l' Jasement du Marais et d' partout; ouvrage en deux morciaux, décoré d'une Note si tellement curieuse qu'all' vous apprend comme quoi l' s'enfans pouvont queuqu'fois avoir plus d'âge qu' leux père, s. L. n. D. (1774) in-8°.

(¹) Id. au mot *Fustare*.

ALLONS ALLER (J' m'en). Parisianisme populaire encore aujourd'hui des plus usités.

« Madame, je sis vote sarviteur; je ne voulons pus manger de la chair défendue; ça fait du mal à la consciance, et pis c'est un péché. *J' m'en allons aller*; par ainsi je ne sis plus vote valet. »

Lettres de Montmartre, p. 92. 1750.

ALLUMER. Chanter. - Impatienter, irriter.

Je trouve dans des écrits du même temps cette expression employée en deux sens qui n'ont aucun rapport entre eux, et je la note, parce qu'elle a reçu de nos jours un troisième sens qui n'en a pas davantage avec les deux autres.

FANCHONNETTE.

« Tiens, c' t'autre avec sa voix de tourne-broche... Dis donc, cadet, quand z'on chante comme ça, faut s' faire accompagner par un chaudron,..

JÉROME.

« Eh ben, voyons, allumez-nous ça, vous qui parlez. »

VADÉ. Compliment de la clôture de la Foire Saint-Laurent. 1755.

Mme ENGUEULE, *au notaire.*

« Mais, Monsieu, que ça ne vous empêche pas de trimer. Pour moi, je n'ai jamais tant vu reculotter; ça m'*allume* à la fin. »

Mme Engueule ou les Accords poissards, com.-parade (par Boudin). Sc. XI. 1754.

Aujourd'hui *allumer*, dans le langage populaire et même un peu argotique, signifie regarder avec attention, épier, espionner.

ALOYAU (Flogner l'). Rechercher quelqu'un avec empressement, s'en approcher, le caresser, lui faire la cour.

Le batelier Lavigueur, amant de Suzon, fille de Mme Engueule, et non agréé par la mère qui destine et est sur le point de marier Suzon à Nigaudinet, commis de barrière, en est réduit à chercher à voir clandestinement sa maîtresse, et à recourir aux expédients pour lui faire sa cour. Surpris maintes fois par la mère, il est toujours éconduit, avec déclarations réitérées qu'il n'aurait jamais la main de Suzon. Pour vaincre ces refus opiniâtres, Lavigueur propose à Mme Engueule de faire libérer de la milice son fils Cadet qui s'était engagé malgré elle, et de l'accepter lui-même pour gendre, en retour de ce service

LAVIGUEUR.

« Tenez, j'agis royalement. Si vous v'lez, j' prends Suzon pour mon épouse; le sargent Racolin est de mes coteries; drès ce soir, j' vous mettons son congé (¹) dans les mains.

SUZON.

« Ah! v'là qu'est parlé, ça.

Mᵐᵉ ENGUEULE.

« Suzon pour ton épouse! Tu viens donc encore de *flogner son aloyau?* (²) Tu seras des accords, si tu veux. Regarde si ça t' convient; sinon détale. »

Mᵐᵉ Engueule, Sc. VIII. 1754.

Le sens que je donne à cette locution ne paraît donc pas douteux.

Flogner n'est pas, comme on pourrait le croire, un terme d'argot. Il y a en limousin un mot dont il est très-probablement tiré, c'est *flauniard,* sorte de gâteau ou de flan à la crème et aux œufs. Or, c'est avec des gâteaux plus encore qu'avec des caresses qu'on dissipe les chagrins et la mauvaise humeur des enfants, et qu'on en obtient des choses qu'ils refuseraient sans cela. En un mot c'est un instrument de séduction.

Lacombe (³) donne l'adjectif *flaougnar* pour flatteur, patelin, calin. *Flaougnar* nous mène à *flogner*, ayant lui-même le sens figuré qu'a ce dernier verbe.

AME AU VENT (Mettre l'). Tuer.

> Quand d' rouler par les guinguettes
>   J' pernons la faveur,
> C' qu' y a là d' genti' fillettes,
>   C'est pour Lavigueur.
> Et si d'un faraut l' caprice
>   D' ça n'est pas content,
> Ces bras là m' f'ront la justice
>   D' ly *mett' l'âme au vent.*

Madame Engueule, Sc. XIII. 1754.

CADET.

> Sais-tu que je suis un ch'napant
> Qui va te *mettre l'âme au vent?*

(¹) Le congé de Cadet.
(²) Il venait en effet de quitter Suzon avec qui il agissait de concert.
(³) *Dictionnaire du vieux langage.*

JÉROME.

Y aisément cela ne peut pas s'croire
Quand ton sabre auroit l'fil comme un canon
Je m' frois hacher pour ma Fanchon.

Jérôme et Fanchonnette, pastorale, par Vadé, Sc. vi. 1755.

Je crois que c'est là une locution gâtée par le peuple et l'effet d'une méprise. Il aura entendu dire de gens qui vont se battre en duel, qu'à peine arrivés sur le pré, ils ont *mis lame au vent*, c'est-à-dire dégaîné ; là-dessus, prenant la cause pour l'effet, il a d'une locution toute naturelle mais très-énergique, créé une métonymie plus énergique encore et très-juste.

APARAT. Apparamment.

LA RIOLE.

« Vous l'avez peut-être acheté ensemble?

LA BLONDE.

« *Aparat.*

Amusemens à la Grecque ou les Soirées de la halle, p. 18. 1764.

J'ai cité ce parisianisme uniquement pour faire voir aux Parisiens modernes qui pensent avoir inventé ce genre d'apocope, que l'usage en existait chez leurs pères, il y a plus de cent ans.

ARC-EN-CIEL DE FER. Sabre.

JÉROME (*à Cadet qui avait tiré son sabre*).

« Crois-moi, vaillant l'Cadet, rengaine ton *arc-en-ciel de fer*, et n'me fais pas ôter ma veste. »

Jérôme et Fanchonnette, par Vadé, Sc. vi. 1755.

Ici la figure est tirée de la forme recourbée du sabre. Dans l'exemple qui suit, elle est tirée de la variété des couleurs qui distinguent généralement les habits de livrée. Ainsi au XVIIᵉ siècle, un laquais était dit appartenir au *régiment de l'arc-en-ciel* :

« Une troupe de gens du *Régiment de l'Arc-en-ciel...* agaçoient le singe. »

CYRANO DE BERGERAC. Combat de Bergerac avec le singe de Brioché.

ARRHES AU COCHE (Mettre des). Au propre, retenir sa place au coche, en donnant un à-compte.

L'exemple qui suit donne le sens figuré.

« Ce que le grand Cornichon avoit lâché (c. a. d. dit), but-toit à signifier comme si, par ci par là, quelquefois, dans l'oc-casion il avoit mis *des arrhes au coche*, ou, si vous voulez, pris un pain de brasse sur la fournée. »

> Le Oui et le Non mal placé ; dans les Écosseuses ou les Œufs de Pâques. (par Caylus et autres) Troyes, in-12. 1739.

La signification de cette dernière métaphore est trop bien connue pour laisser un doute sur la signification de l'autre qu'elle a pour objet de rendre plus claire.

ARTICLE DE FOI. Petit verre d'eau-de-vie.

« J'aurions bon besoin de boire chacun un p'tit *article de foi* cheux l'épicier. »

> Amusemens à la Grecque, p. 18. 1764.

Cet article de foi est tiré du symbole des apôtres de Bacchus, et n'a jamais, que je sache, donné matière à controverses aux ivrognes. Il n'y a ni casuistes, ni schismatiques dans cette belle religion-là.

ATTENDIS (En) et A LA TANDIS. Pendant ce temps-là.

« *En attendis*, j'avois déjà fait un modèle de ce nouveau bijou. »

> Le Paquet de mouchoirs, monologue en vaudevilles et en prose, dédié au beau sexe, et enrichi de 103 notes très-curieuses dont on a jugé à propos de laisser 99 en blanc, pour la commo-dité du lecteur et la propreté des marges. A Calcéopolis, chez Pancrace Bisaigue, rue de la Savaterie ; aux trois escarpins dessolés, p. 8. 1750. Attribué à Vadé.

Mme ENGUEULE.

« J'allons au devant de ly pour ly toucher queuque chose de l'affaire. Ah ! Cadet, *à la tandis*, t'iras nous queri zeune voye de bois de douze sols, pour cuir la noce. »

> Mme Engueule, Sc. IX. 1754.

AVEC VOLONTIERS. Avec plaisir.

JÉROME.

« Ah ! ça, Cadet, c'est pas le tout ; faut z'un compilment à c' t'heure-ci.

CADET.

Avec volontiers.

> Vadé. Compliment de la clôture de la Foire de Saint-Lau-rent. 1755.

On trouve le même parisianisme populaire dans l'*Amant de retour*, par Guillemin, sc. VIII, (1780), et dans l'*Espiéglerie amoureuse* ou l'*Amour-matois*, sc. v. 1761.

AVENANT DE (A l'). Devant, auprès.

CADET.

« J'étions dévalé sous les pilliers (des halles) où j'tapions simplement d'mi sptier de six yards *à l'avenant* du contoi (comptoir). »

Mme Engueule, Sc. VIII. 1754.

BAHUTER. Enlever, emporter.

« Oui. Le diable vous *bahutte!* »

Ibid. Sc. III.

Au dix-septième siècle, ce mot signifiait faire plus de bruit que de besogne, par allusion aux ouvriers bahutiers ou layetiers, lesquels, après avoir cogné un clou, donnent plusieurs coups de marteau inutiles, avant que d'en cogner un autre. Ce mot était d'ailleurs populaire.

« A quel jeu jouons-nous? Tout de bon ou pour *bahuter?* »

Comédie des Proverbes, Act. II, sc. v. 1633.

Ici *bahuter* veut moins dire : faire avec les cartes ou les dez plus de bruit que de besogne, que jouer pour l'honneur seul et non pour de l'argent.

Dans la langue imagée de MM. les étudiants parisiens de toutes les facultés, ce mot signifie tantôt faire du tapage, tantôt danser, sauter d'une manière extravagante, tantôt maltraiter quelqu'un. *Le bahuteur* est celui qui pratique l'une ou l'autre de ces trois choses, ou toutes les trois à la fois. Son diplôme de médecin ou d'avocat est au bout.

BAILLE-LUI BELLE, LA QUEUE LUI PUE. Locution proverbiale équivalant à : il en dit trop, il va trop loin, il ment.

Pour aider à l'intelligence de cette locution et donner quelque crédit à l'explication que j'en vais apporter, il est tout-à-fait indispensable de citer avec quelque étendue le passage où elle est employée.

Janin, paysan du Montmorency, est parvenu à pénétrer dans Paris avec son âne, nonobstant le blocus de cette ville par l'armée royale. De retour à son village, après huit jours d'absence, il raconte ce qu'il a vu et ce qu'on lui a fait, et entre autres ceci :

« Nout grison l'u belle, qui se bouty à braire si hou que tou
lé soudars s'amassiron viron nou, pou nou fare niche. Le courpoura arrivy, qui nou fit pranre nout âne et mouay, disant
que j'avion vlu fourcé le cour de garde, et nou fy mené à
l'Outay de Ville. May en chemen, je feume ban esbauby de
vouar la ville. N'an dizet qu' n'an y mouret de fen, qu' n'an sy
tuet dru queme mouche, que l'san coullet le pour russiau, et
qu' l'arbe crousset dan lé ruë. Samon, Guieu haij ban lé manteu;
n'an en fay ban acroize au jans de delà l'iau. Lé chemin estiant
oussi grouillan de monde queme lé pou su le tignon de nout
fieux Piarot. Y lia cor dé bouchon tou verdiau au houtelle-
ries; n'an y vouay la ché cruë et cuitte étalée queme si n'an
la donnet pour l'honneu de Guieu. Enfin, lé boucherie et lé rote-
ries sont ouvarte à tout venan. N'an y di vaspres, la grand
messe, et la précation queme n'an fezet, y glia un an.

» Voueze! interrompit Thibaud ; *baille-ly belle, la queue
ly pu.* Y vouay de la ché cruë et routie en caresme! Si vou
le laissé dize, y vous bara ban dé canar à moiquié. » (¹)

(¹) Notre âne l'eut belle, qui se mit à braire si haut que tous les
soldats s'amassèrent autour de nous, pour nous faire niche. Le caporal
arriva, qui nous fit prendre notre âne et moi, disant que nous avions
voulu forcer le corps de garde, et nous fit mener à l'Hôtel-de-Ville. Mais
en chemin je fus bien ébahi de voir la ville. On disait que l'on y mou-
rait de faim, que l'on s'y tuait dru comme mouches, que le sang coulait
le pur ruisseau, et que l'herbe croissait dans les rues. Certes, Dieu
hait bien les menteurs ; l'on en fait bien accroire aux gens de delà l'eau.
Les chemins étaient aussi grouillants de monde comme les poux sur la
tignasse de notre fils Pierrot. Il y a encore des bouchons tout verts aux
hôtelleries ; l'on y voit la viande crue et cuite étalée comme si l'on la
donnait pour l'honneur de Dieu. Enfin, les boucheries et les rotisseries
sont ouvertes à tout venant. L'on dit vêpres, la grand' messe et la pré-
dication comme l'on faisait, il y a un an.

Voire ! interrompit Thibaud ; *donne lui belle, la queue lui pue.* Il voit
de la chair crue et rôtie en carême ! Si vous le laissez dire, il vous donnera bien des canards à moitié (a).

(a) *Donner des canards* à quelqu'un, c'est-à-dire, lui en faire accroire,
lui imposer. Les lui donner *à moitié,* c'est mêler aux mensonges quelque
chose de vrai. Je confesse ne pas savoir l'origine de ce dicton, dont on
n'a gardé que le mot *canard,* pour dire une fausse nouvelle.

Suitte de l'Agréable Conférence de deux païsans de Saint-
Ouen et de Montmorency, sur les affaires du temps, p. 5. 1649.

Quand une cuisinière achète une volaille ou une pièce de
gibier, si elle doute de la fraîcheur de la bête, elle a pour
habitude de la flairer à la queue ou plutôt à la racine de la
queue. Si le marchand soutient que la bête est saine, comme
il ne manque jamais de le faire honnêtement, la cuisinière qui
s'en fie plus à son nez qu'à la parole de l'autre, dit : « Vous me
la baillez belle; il pue à la queue; donc tout l'intérieur est
gâté. »

Ainsi fait Thibaud. La fin du récit de Janin lui paraît tellement invraisemblable (et elle devait le paraître à un paysan
et dans ces temps de foi) qu'il taxe des mensonges tout le
reste.

BAINS DANS UN CENT DE FAGOTS (Prendre les). Être brûlé
vif par la main du bourreau.

LE FARAU.

« Si j'y sommes rompu (en place de Grève), t'y prendras
les *bains dans un cent d'fagots* avec toute ta clique et ton
Jérôme. »

Les Spiritueux rébus de Mlle Margot la mal peignée, reine de
la halle et marchande d'oranges, par Lécluze; dans les Œuvres
poissardes de Vadé et de L'Ecluse; Didot jeune, An IV (1790).
Pag. 116.

On dit aussi : *Être noyé dans un cent de fagots.*

BANDIETTES (Mettre en). Démolir, mettre en morceaux,
en pièces.

« Je n'ons pas f...u la Bastille *en bandiettes* pour que vous
nous ratapiez dans vos béches. »

Journal de la Rapée ou de Ça ira, ça ira. Six numéros.
N° IV, p. 2. 1790.

Je crois que *bandiettes* est un diminutif de *bandes* pris dans
le sens de morceaux d'étoffe, de cuir de papier, etc., longs et
étroits, et que ce mot, indiquant les fragments d'un tout,
a pu être employé dans ce temps-là par le peuple de Paris
comme équivalant de morceaux, pièces, débris.

Bêche signifie nasse. C'est une altération du vieux français
boichée (en bas latin *boicheta* et *bocheta*), qui a la même signi-

fication (¹). On disait *boichée* en Champagne et en Bourgogne ; on prononça *baichée* dans l'Ile-de-France, ou *béchée* par suite de l'analogie des sons *ai* et *é*. Le peuple de Paris adopta cette dernière forme, et, [dépouillant l'avant-dernière voyelle du mot de son accent aigu, il reporta sur la première l'accent tonique, et réduisit ainsi à deux syllabes un mot qui en avait trois.

Bocheta est un diminutif de *bocha*, bouche, la nasse ayant en effet une sorte de bouche par laquelle entre le poisson.

BATTRE EN RELAIS (Se). Se battre sans s'arrêter, sans reprendre haleine, et jusqu'à ce que l'un des combattants dise qu'il en a assez.

« Jacqlaine se mit en devoir d'ôter le bonnet à Maré-Jeanne qui lui baille une giroflée à cinq feuilles ; elles *se battent en relais.* »

Étrennes à Messieurs les Ribotteurs, p. 120 ; dans les Œuvres
poissardes de Vadé et L'Ecluse, éd. Didot. An ɪv. (1796).

BATTRE AUX ROUTES. Partir précipitamment, décamper.
« J' *battimes aux routes,* comme dix heures tapiont aux Filles du Calvaire. »

Le Paquet de mouchoirs, p. 35. 1750.

BAVER. Bavarder.
Vieux mot qui s'est conservé dans le langage populaire de Paris.

CADET.

« Qu'est qu'vous nous *bavez*, vous ? Ne faut-y pas que j'nous laissions saccager, voyons ? »

Mᵐᵉ Engueule, sc. vɪɪɪ. 1754.

Il est dit dans le *Chevalier qui donna sa femme au diable*,

Baver, flatter et bien mentir,
Font souvent les flatteurs venir
En grand bruyt es cours de Seigneurs.

BEURRE POUR FAIRE UN QUARTERON (Il ne faut pas tant de) Il ne faut pas tant dire de paroles, tant barguigner, pour prendre une décision, un parti.

(¹) Voyez le *Glossaire* de du Cange, édit. de Didot, au mot *Boicheta*.

Mme COTTERET.

« Oh! ça, Madame Rognon, *il ne faut pas tant de beurre pour faire un quarteron;* il s'agit d'aller à la noce. »

Le Porteur d'iau ou les Amours de la Ravaudeuse, sc. III; dans les Ecosseuses. 1739.

On peut affirmer, sans craindre de se tromper, que cette locution tire son origine immédiate du marché au beurre.

En voici une variante :

« Y ne faut pas tant *d'lard* pour faire un quarteron, » dans la *Noce de Village*, comédie, par de Rosimond, sc. I. 1705.

BIGRE A L'HUILE. Bon apôtre(?)

« Je voulons bien, dit-il penser
En loyal chréquian, que cet homme (¹)
Fut en tout et partout à Rome
Soumins ; que c'est calomgnier
De dire que, sans commegnier,
Il passit jusqu'à deux années ;
Que les affaires condamnées
Par le pape et la quantité
Des évêques l'avont été
Itou de li. » Le *bigre à l'huile!* (²)
Non, non, monseigneur Ventremille,
Non, non, il ne le pense pas,
Par la marguié, le fourbe!

Quatrième Harangue des Habitans de Sarcelles à Mgr Ventremille, au sujet de son Ordonnance du 8 Novembre 1735, contre les miracles. Prononcée au mois de Juillet 1736. Pag. 189; dans Pièces et Anecdotes intéressantes, etc.

Il n'est pas aisé de comprendre le sens de cette grossière injure adressée à un prélat qui ne croyait pas aux miracles du diacre Pâris, et parce qu'il avait *requis*, comme c'était sa charge, la *condamnation* des curés de Paris qui avaient pris

(¹) Le diacre Pâris.
(²) Nigon de Berty, promoteur-général de l'Archevêché de Paris, chantre et chanoine de s. Germain l'Auxerrois, qui avait présenté la Requête sur laquelle avait été rendue l'Ordonnance de Mgr de Vintimille en date du 8 Novembre 1735, contre les miracles du diacre Pâris.

leur défense. Je conjecture seulement que par l'expression *à l'huile*, l'auteur a voulu dire : aux formes doucereuses, coulantes et hypocrites; car c'est ainsi qu'il s'attache à représenter le promoteur général, comme aussi le style et la méthode de son réquisitoire. Il est vrai d'ailleurs que ces formes sont celles de certains accusateurs publics, dont la tactique consiste à admettre comme probables certains faits favorables à l'accusé, afin de donner plus de relief et de force aux griefs élevés contre lui. Mais c'est par une allusion, je pense, à la profession des maîtres d'hôtel, chargés d'approvisionner la maison de vivres, entre autres d'huile, et surtout de faire les lampes et la salade, que le peuple de Paris appelait ces officiers des *Messieurs à l'huile*.

NICOLAS, *maître d'hôtel de grande maison*.

Sans onction un époux
    Vous quitte et décampe ;
Mais jamais l'huile chez nous
    Ne manque à la lampe.
Les bons hommes sont vos gens,
Tous les maris sont des gens,
    Foin de tous les gens,
Des gens, gens, tils, tils, des gentils,
    Foin des gentilshommes !
    Vivent les bons hommes !

LÉANDRE.

L'huile que vous nous vantez,
    Mon pauvre imbécille,
Fait que vous êtes traitez
    De *Messieurs à l'huile*,
Fait qu'on vous traite de gens,
De gens lognes, de vrais gens,
    De gens faits, faits, faits
    A la raillerie
    Sur la confrairie
    Ou sur ste drol'rie.

La Mère rivale, parade; couplet final : dans le Théâtre des Boulevards, T. III, p. 174. 1754.

BIJOU DE LA FOIRE SAINTE-OVIDE. Un homme de rien ou de « pas grand' chose. »

JAVOTTE.

« Oui, il est ben campé avec ses deux jambes de flûte à l'ognon. Adieu, *bijou d'la foire Saint-Ovide*. Oh! j'·t'épouses tu n'as qu'à v'nir. Va, pain mollet d'la dernière fournée. »

Vadé. Les Racoleurs, sc. II. 1756.

La foire Saint-Ovide se tint d'abord sur la place Vendôme, d'où elle fut transportée, en 1773, place Louis XV. On y vendait quantité de menues bijouteries et de peu de valeur. Les modistes et les perruquiers y avaient des boutiques. C'est ce qui explique ce compliment de Javotte à Toupet, compliment doublement juste, et parce que Toupet était « garçon frater », et parce qu'il était un trop petit compagnon pour épouser la belle Javotte.

BIJOU DU PARVIS.

Autre sorte de compliment, ou plutôt euphémisme gracieux par lequel on désignait un individu condamné à une peine infamante, et ayant fait amende honorable, sur la place du parvis Notre-Dame.

« Allons, tais-toi, diable de *bijou du parvis*. »

VADÉ. Compliment de la clôture de la foire Saint-Laurent. 1755.

BOIRE LE GOUPILLON. Sorte de punition infligée aux buveurs, et qui paraît avoir consisté à leur faire boire jusqu'à la dernière goutte de la bouteille, en accompagnant cette opération de quelque violence.

On l'auroit bian envoyé paistre
Qui n'eust fait péter le salpestre,
Et si sa santé se beuvant, (¹)
On n'eust fait pouf! auparavant,
Par l'advis du conseil de guerre,
Ou plutost du conseil de verre ;
On auroit *beu le goupillon*,
On auroit eu le morillon,

(¹) La santé du Parlement.

Et fait longtemps le pied de grue
En sentinelle dans la rue.

Le Burlesque On de ce temps, IIIe partie, p. 5 et 6. Paris, 1648.

Ce qui ne permet pas de douter qu'il s'agit bien ici d'une punition, c'est que le poëte *frondeur*, immédiatement après, en indique une autre beaucoup plus grave, laquelle conjointement avec la première, ou sans elle, pouvait être aussi appliquée à ceux qui auraient refusé de servir le Parlement : c'est le morillon. On le donnait alors en frappant sur le derrière avec la hampe d'une hallebarde ou le canon d'un mousquet. C'était un châtiment militaire.

« T'airais don pu de priviliége que mouay? Quer, si je l'avas fai, n'an me barrait le *mourillon* » (*Nouvelle et suitte de la cinquiesme partie de l'Agréable conférence de Piarot et Janin, sur les affaires du temps, p. 4. 1648.*)

Le morillon tirait son nom de ce qu'au lieu d'y employer une hallebarde ou un mousquet, on se servait autrefois d'un morion pesant dont on chargeait la tête du soldat puni.

Remplir le verre du buveur, en dépit même de sa résistance, et jusqu'à ce que la liqueur débordât, était une autre manière de faire *boire le goupillon*. Ainsi :

Tu *boiras le gouspyion!*
Par ma foy, tu es maladroite;
Faut-il boire de la main droite?
Tu ne boiras plus que cela.
— C'est trop, c'est trop! Aula! Aula!

Première Gazette de la Place Maubert, p. 9. 1648.

Mme de Sévigné, dans une lettre du 3 août 1671, dit à sa fille qu'elle a promis à Mme de Chaulnes « d'aller lui aider à soutenir le reste des États. » Ce reste, c'était le *goupillon* des États de Bretagne, car c'en était la fin. Mais cette corvée, contre l'attente de la marquise, fut suivie d'une moindre qui en était comme le petit goupillon, et qu'elle appelle ainsi en effet :

« Enfin, me voilà.... toute contente d'être en repos dans ma solitude. J'ai eu tantôt encore un *petit goupillon*. C'est M. de Lavardin qui est demeuré à Vitré, pour faire son entrée à Rennes. »

Lettre du 9 Septembre 1671.

Enfin, il est encore un autre emploi métaphorique du mot goupillon, qu'il ne faut pas omettre, parce qu'il est charmant et juste tout ensemble.

NIGAUDINET, *courant après Suzon.*

« Doucement, doucement. Comme vous empochez! Ça ne se donne qu'en sinant. Oh! donnant, donnant.

SUZON.

« Là, là, prends donc garde; tu t'épanouis comme un *goupillon*. »

Mme Engueule, Sc. ii. 1754.

BOITE A CAILLOUX. Prison.

« On vous a f...u mon b...gre dans la *boîte à cailloux* ous qu'il sera interrogé. »

Journal de la Rapée, No VI, p. 2. 1790.

BONNET DE NUIT DE CHEVAL. Licou.

« Il est mort en l'air avec un *bonnet de nuit de cheval* au cou. »

Le Déjeuné de la Rapée ou Discours des Halles et des ports; nouv. édit. revuë et augmentée d'une Lettre de M. Cadet Eustache à M. Jérôme Dubois, et de Quatre bouquets poissards. Avec un extrait de l'inventaire des meubles et effets trouvés dans le magasin d'une des harengères de la Halle. A la Grenouillière. De l'imprimerie de Mlle Manon, marchande orangère. Approuvé par les Bateliers. in-18. s. D. (1755). Par Lécluse. Pag. 22.

Comment un pendu peut-il être étranglé avec un bonnet de nuit et qu'est-ce qu'un bonnet de nuit de cheval? C'est, comme je l'ai dit, un licou. Le licou est une corde avec laquelle on attache le cheval à la mangeoire, après qu'on l'a rentré le soir à l'écurie. C'est là toute la toilette de nuit de l'animal, tout comme l'est le bonnet de coton du palfrenier ou du charretier qui dorment auprès de lui.

BONS (Des)!

Exclamation qui se rencontre fréquemment dans les écrits en langage populaire parisien, et qui indique un sentiment de satisfaction ou de jactance; auquel cas il se dit absolument comme par exemple, *bon!*

« *Des bons!* s'ils sont tapageux. j'sommes bacanaleux. »

Amusemens à la Grecque, p. 25. 1764.

Ailleurs, cette locution reçoit un complément :

> Je suis *des bons* qui ne vaut rien,
> J'veux être un chien.

Ibid., p. 28.

> Les François s'ront toujours des bons.

L'Impromptu des Harengères, op. com. divertissant, à l'occasion de la naissance de Mgr le duc de Berri; sc. v. 5 Septembre 1754.

« Il est marqué à l'A, il est *des bons.* »

Le Bourgeois poli où se voit l'abrégé de divers complimens, selon les diverses qualités des personnes ; œuvre très-utile pour la conversation. A Chartres, 1631.

Ce dernier exemple nous indique l'origine de cette locution. Il est marqué à l'A se disait d'un homme de bien, d'honneur et de mérite, et ce proverbe est tiré des monnaies qu'on marquait aux villes de France par ordre alphabétique, selon leur primauté. La monnaie de Paris réputée du meilleur aloi, était marquée de l'A. (Voyez les Dictionnaires de Furetière, de Trévoux et de Littré.)

Dans le langage des révolutionnaires actuels, on ne dit plus *il est des bons*, mais *c'est un bon*.

Bossu. Pièce de monnaie dont je ne saurais dire ni la valeur, ni le nom normal.

« Je cherche dans ma pochète, j'y trouve un *bossu.* »

Conférence de Janot et Piarot Doucet de Villenoce, et de Jaco Paquet de Pantin, sur les merveilles qu'il a veu dans l'entrée de la Reyne, ensemble comme Janot lui raconte ce qu'il a veu au *Te Deum* et au feu d'artifice, p. 3. Paris, 1660.

« Oui, quand j'ay receu les *bossus* pour venir bouar. »

Nouvelle et suitte de la sixiesme partie de l'Agréable conférence de Piarot et de Janin, sur les affaires du temps présent, p. 6. Paris, 1649.

> Sans tous ces petits rogatons,
> Sans les Condés et les Gastons,
> Sans les pasquils et vaudevilles,
> Sans les écrits les plus habiles,
> Sans Rivière et sans Cardinal,
> Nous allions souffrir bien du mal.

Sans le petit *bossu* en poche.
Nostre ruine estoit bien proche.

Le Burlesque remerciement des imprimeurs aux auteurs de
ce temps, p. 4. Paris, 1649.

J'ai cité ces trois exemples, parce que M. Moreau, éditeur
de Mazarinades et d'un catalogue de toutes celles qu'il a pu
recueillir, a vu dans le *petit bossu* du troisième exemple, un
pamphlet contre le prince de Conti qui était bossu, comme les
Gastons et les *Condés* sont ici des pamphlets contre ces deux
princes. Je ne saurais admettre cette interprétation; ou alors
il faudrait se demander pourquoi nous voyons ici par trois
fois que les *bossus* se mettent dans la pochette ou sont destinés *à être bus,* tandis qu'il n'est rien dit de pareil ni des
Condés ni des Gastons? Il se peut toutefois que la petite monnaie en question ait reçu le nom de *bossu,* dans une intention
malicieuse à l'égard du prince de Conti, parce que, comme
lui, cette monnaie était déformée, sinon contrefaite.

BOUCHER LE C. D'UNE CHAISE (Se). S'asseoir.

« C'est elle-même qui m'a dit qu'on lui avoit baillé vingt-
quatre sous, pour aller *se boucher le c.. d'une chaise.* »

Grand Jugement de la mère Duchesne et Nouveaux Dialo-
gues, p. 15. s. D. (1792).

On le dit aussi sans ajouter les mots *d'une chaise.*

BOUIS (Donner le). Achever, perfectionner, donner la façon.

JÉROME.

« Ah! ça, Cadet, c'est pas le tout; faut z'un compilment,
à c' t'heure-ci.

CADET.

« Avec volontiers.

JÉROME, *embarrassé.*

« Dame, c'est qu'faut *donner l'bouis* d'une magnière de sentiment ben r'tapée au moins. »

VADÉ. Compliment de la clôture de la foire Saint-Laurent.
1755.

« Faut qu'son père et sa mère lui ayons ben *donné l'bouis,*
quand il l'avons faite. »

Le Paquet de mouchoirs, p. 23. 1750.

Donner le bouis ou *un bouis* signifie également faire un compliment; louer, flatter, enjôler; honorer, donner la palme.

« Stici loue vote esprit, stila vous *donne* un autre *bouis*. »

Amusemens à la Grecque, p. 48. 1764.

« C'est z'un tendre amant qui a fait jouer s'te machine pour
donner l'bouis à mon cher père (c. à. d. l'enjôler) et filer
l'amour le plus près de moi qu'il pourra. »

Léandre hongre, parade, sc. ii, dans le Théâtre des boulevards. T. I, p. 199. 1756.

> Je m'souviens qu'tantôt pis qu'un' glace,
> Vous m'avez fais un' rud' menace :
> Un' fill' queut' fois pour *donner l'bouis*,
> Paroît pus froid' qu'un' chaîne à puits.

Les Porcherons, chant vii, p. 196; dans les Amusemens rapsodi-poétiques, contenant le Galetas. Mon feu, les Porcherons,
poëme en VIII chants, et autres pièces. Stenay, 1773, in-12.

Il n'est pas besoin de chercher, comme on dit, midi à qua-
torze heures pour trouver la signification du mot *bouis*; il s'agit
tout simplement du buis, dont on façonne le bois et la racine
en tabatières, en jeux de quilles, de dames, d'échecs, etc., et
dont les rameaux sont distribués aux fidèles, dans les églises
de Paris, entre autres, le jour de Pâques fleuries. Le peuple
parisien a conservé la prononciation vicieuse de *bouis*, laquelle
était en usage, même à la cour, du temps de madame de Sévigné.
Le buis figure les palmes que le peuple portait à la main, le
jour de l'entrée de Jésus-Christ à Jérusalem, et dont étaient
jonchées les rues par où Notre Seigneur devait passer. Lui-
même portait une palme.

De cette manière d'honorer le Christ et de l'attitude qu'il
avait en cette circonstance, est venue l'ancienne coutume d'honorer nos rois, le jour de leur inauguration, en leur présentant
un rameau quelconque, sinon une palme même, conjointement
avec le sceptre, l'un symbole de la victoire, l'autre de la puis-
sance souveraine.

Dans l'antiquité même, donner la palme, remporter la palme,
voulaient dire, au figuré, conférer un honneur, recevoir le prix
ou du courage, ou de la science, ou de la vertu.

Pour en revenir au buis, comme il remplaçait la branche du
palmier, le dimanche des Rameaux, il va de soi que le peuple

de Paris, voulant exprimer l'honneur qu'il entendait rendre à quelqu'un, ait dit qu'il lui *donnait le bouis*, c'est-à-dire la palme. Puis, il en est arrivé de ce mot comme de tant d'autres d'origine populaire; sa signification s'est étendue au point de dévier de plus en plus de son application primitive. C'est ainsi que *donner le bouis* ayant signifié d'abord honorer, donner la palme, a fini par vouloir dire, tantôt achever, perfectionner, en parlant d'une chose, tantôt complimenter, louer, cajoler, en parlant d'une personne.

Le verbe *rebouiser* ou *rebouisser*, formé du substantif *bouis*, est encore une preuve remarquable de cette déviation du sens primitif que je viens de signaler. En effet, je rencontre ce verbe avec la signification 1° de frapper d'étonnement, interloquer; 2° de tancer, rebrouer, brutaliser; 3° d'attirer, entraîner; 4° de réparer, raccommoder; 5° enfin de tromper, et, comme on dit vulgairement, mettre dedans. En voici des exemples :

1° « C'est pour vous r'marcier de la manière qu' vote mère a été *r'bouissée* par la soutenance de votre farmeté à mon sujet. »

Vadé. Lettres de la Grenouillère, xvie lettre. 1755.

2° « T'avoueras que c'est ben dur... de s'entendre *rebouiser* par un malotru, sans rien dire. »

Jacquot et Collas, duellistes, par L. R. Dancourt, sc. i. 1781.

3° « Y s'agit de *r'bouiser* dans l'enrôlement Monsieur Toupet. »

Vadé. Les Racoleurs, sc. xi. 1755.

4° « Si c'est à cause que j'rafistolons ses vieux passifs (¹), que ne dégraigne-t'y (²) de d'même son horlogeux, quand il lui a *rebouisé* queuque montre ? »

Le Paquet de mouchoirs, p. 3. 1750.

5° « En voilà déjà un de *rebouisé*, et je veux mériter l'estime de mon cher Léandre, en venant à bout de l'autre. »

La Chaste Isabelle, sc. iv, dans le Théâtre des Boulevards, t. I, p. 59.

Le sens de *rebouiser*, dans ce dernier exemple et peut-être aussi dans le troisième, est à peu près le même que celui de

---

(¹) Souliers, en argot.

(²) Méprise-t-il.

donner le bouis dans l'exemple tiré de *Léandre hongre*, cité plus haut.

Bourre (frotter la). Frotter la peau, bâtonner, rosser.

> Rien m'a valu de sçavoir courre,
> On m'a voulu *frotter la bourre*.

Berthaud. La ville de Paris, en vers burlesques ; dans la pièce
intitulée : Le Pont au Change. 1665.

La bourre est le vieux tan qui est sur la peau du mouton au sortir de la tannerie. On l'enlève ensuite en *frottant* la peau avec une râcloire.

Briquet (Battre le). Se disait d'un amoureux ou d'un galant qui débitait ses sentiments à l'objet de sa recherche ou de son amour.

Toupet (perruquier gascon).

« Jé vous accompagnérai, et chemin fésant, jé veux m'esprimer par les açens les plus doux.

Javotte.

« Allez, allez, belle figure propre à faire du saindoux; si vous n'*battez* pas l'*briquet* mieux qu'ça, l'amadoue ne prenra pas, j'vous en avartis. »

Vadé. Les Raccoleurs, sc. ii. 1756.

On sait qu'on le dit surtout des gens qui ont les genoux en dedans.

Bruler le c. Faire banqueroute.

« Comme l'Archevêque de N... qui vient de *brûler le c.* à tous ceux qui lui avoient avancé quelque chose. »

Cahier des plaintes et doléances des dames de la Halle et des
marchés de Paris, rédigé au grand salon des Porcherons, pour
être présenté à Messieurs les États-généraux. Onzième impres-
sion qu'on a ravaudé, repassé et rajusté de son mieux.... Écrit
à l'ordinaire par M. Josse, écrivain à la pointe St Eustache,
p. 15. Août, 1789.

« Son âme lui a *brûlé le c.* sans tambour ni trompette. » (C. à d. il est mort subitement.)

Amusemens à la Grecque, p. 43. 1764.

Bureau de propreté. Boîte de décrotteur et ses accessoires.

« Il employa tous ses amis pour m'faire avoir un *bureau d'propreté* sur le Pont-neuf. »

Ibid., p. 42.

Cadence du pouce. Argent ou plutôt action de le compter. Ainsi dit du mouvement qu'on imprime aux écus, en les poussant les uns après les autres avec le pouce.

« Et stc *cadence du pouce !*

— Queu *cadencè du pouce ?*

— Sans doute. T'es fait comme les autres, toi. Ces garçons-là, quand ils poursuivent les filles (en mariage), c'n'est pas tout uniment pour elles, ils veulent queuque chose avec. »

Le Café des Halles, comédie, sc. xvi. 1783.

Calabre (Battre la). Battre le pavé, vagabonder.

« Monsieur, il ne convient pas que l'époux de Mamselle *batte la calabre* sur le pavé comme un simple officier. »

Ah ! que voilà qui est beau ! parade, sc. dern. dans le Théâtre des Boulevards, t. I, p. 307. 1756.

« Que diroit-on de voir une fille de qeuque chose *battre la calabre* avec un gentilhomme ? »

Isabelle douce, parade, sc. ix ; dans le même recueil, t. II, p. 176.
Le Paquet de mouchoirs, p. 11. 1750.

Calabre est une corruption de *calade*, terme de manège, par lequel on désigne la pente d'un terrain où l'on fait descendre un cheval au petit galop, pour lui assouplir les hanches. C'est ce qu'on appèle *battre la calade*.

Calot. Affaire, compte.

« Ça n' s'roit pas le *calot* du public, qu'on nous oblige d'agir de même envers leux endroit. »

Le Paquet de mouchoirs, p. 11, 1750.

Ou ce mot est d'argot, ou c'est un substantif formé du verbe *chaloir,* se soucier, que les Picards prononcent et écrivent *caloir.* En ce cas, *ça ne serait pas le calot du public* pourrait se traduire par : le public ne se soucierait pas, ou il n'importerait pas au public. J'ajoute, pour épuiser toutes les conjectures, que *calot* peut être un nom propre, celui de quelque auteur d'un petit livre de *comptes faits*, dans le genre des *barèmes*, auteur qui aurait eu de la vogue dans ce temps-là. Mais aucune bibliographie ne m'en a donné des nouvelles.

Cas de ça (En). En pareille rencontre, à l'égard de cela.

Nicole.

« Vous me paraissez un digne garçon... et qui devriez posséder une femme convenable à votre mérite.

JULIEN.

« Voyez comme le mérite perce ! Vous devinez donc ça tout de suite, vous?... Une fille a de bons yeux *en cas de ça.* »

VADÉ. Nicaise, op. com. Sc. VII. 1756.

« Note bonne princesse ! comme vous allez être aimée ! J'voulons que vous nous aimiez aussi, da ! J' sçavons ben que je le sommes ; mais c'est qu'*en cas d'ça* on n'en a jamais assez, quand ça vient d'vote part. »

Voyage et Description du temple de Cythère. T. II, p. 184. A Cythère, chez Cupidon, libraire des Amours, 2 vol. in-12. 1752.

CASSER. Manger.

Dans l'dessein d'aller z'à Saint-Cloud
Pour y faire un coup de ma tête,
Et z'y *casser* z'aveuc Manon
A nous deux t'un gigot d'mouton.

Riche-en-gueule ou le Nouveau Vadé, contenant les aventures plaisantes et divertissantes du Carnaval ; précédé de la vie et des amours de Mardi-Gras... Publié par un enfant de la joie, et dédié aux Dames des halles et marchés, aux lurons de la Râpée et de la Grenouillère, et aux jeunes gens des deux sexes, amis des farces et du plaisir. A Paris. 1821. Pag. 235.

Où vont lurons et luronnes
Les jours de fête et le dimanche,
Casser ou la gigue ou l'éclanche.

Les Porcherons, Chant I, p. 126, dans les Amusemens rapsodi-poétiques contenant le Galetas, Mon-Feu, Les Porcherons, poëme en VII chants, et autres pièces. Stenay, 1773, in-12.

CERTIFICAT DE BONNES MŒURS. Marque imprimée sur l'épaule par le bourreau.

« Il (le bourreau) te donna par derrière un *certificat de bonnes mœurs.* »

Le Poissardiana, ou les Amours de Royal-Vilain et de Mamzelle Javotte la déhanchée, dédié à Mgr le Mardi-Gras par M. de Fortengueule. A la Grenouillière, 1756. Pag. 42.

CH'. Cher.

Toutes les pièces de théâtre de 1755 environ à 1789 sont infectées de cette apocope ridicule, mais très-populaire. On comprend qu'elle ne peut avoir lieu que devant une consonne. J'ajoute que les mots qui la provoquent principalement, sont

ceux de père, mère, frère, sœur, tante et cousine. En voici
quelques exemples :

FANCHONNETTE.

Il faut, mon frère,
Aller tout de ce pas
Dire à ma *ch'* mère...

CADET.

All' n' l'ignor' pas
Alle consent à tout.

VADÉ. Jérôme et Fanchonnette, Sc. xv. 1756.

« J'vais me préparer toute seule à faire mon rôle devant mon
ch' père et devant le public. »

Léandre grosse, parade, Sc. i ; dans le Théâtre des Boulevards
T. III, p. 189. 1756.

« Y en a tout plein qui ne portent pas le nom de leux
ch' pères. »

L'Amant de retour, com. par Guillemain, Sc. ii. 1780.

« Oui, ma *ch'* tante, c'est le sérrurier d'à côté qui l'a fait à
mon père. »

Les Deux Martines, com. par Ducray-Duminil, Sc. xiv. 1786.

L'usage d'avaler la moitié de ce mot, n'a pas encore cessé. Il
va conjointement avec ces deux autres : *m'pa, m'man,* pour mon
papa, maman.

CHAMPIGNON RETOURNÉ. Champignon mort en une nuit, au
rebours du champignon qui croît dans le même temps.

« Il joua tant qu'il perdit tout son bien, jusques à son carrosse et ses chevaux que le cocher et les laquais suivirent ; car
il les joua aussi ; et ensuite, congédiant le reste de ses domestiques, il leur dit : Voilà ce que mérite un homme comme moy,
qui suis *champignon retourné ;* car tout s'en est allé en une
nuit. »

Les Maistres d'hostel aux Halles ; le Chevalier crotexte, et
l'Apotichaire empoisonné. Nouvelles comiques. Pag. 64. A Paris,
1670, in-18.

CHASSE. Mauvais procédé, atteinte à la réputation d'autrui.

« Ayant toujours été connu pour un grand débauché, l'on
prend pour mal vivantes toutes les filles que l'on voit avec moy
dans les rues. Aussitost elle me remercia ; mais ayant décou-
vert ma malice, parce que j'en avois fait raillerie, comme les

filles sont naturellement vindicatives, cette *chasse* fut bien marquée. »

Ibid. p. 44. 1670.

CHATAIGNES (Mâcher). Hésiter en parlant, tourner longtemps sa langue dans sa bouche, comme quand on mâche des châtaignes.

> Et lors, sans luy *mascher chastaigne,*
> Souffrez, dit-il, que je me plaigne
> Des désordres de vostre Estat.

Le Courrier burlesque de la Guerre de Paris, IIe partie, p. 13. Paris. 1650.

CHENIL (Au)!

Terme dont se servent les gens du peuple à l'égard de ceux à qui ils penseraient faire trop d'honneur en leur disant : au diable !

JOLIBOIS.

« Mam'zelle, voulez-vous vous rafraîchir d'un doigt de vin avec moi ?

TONTON.

« *Au ch'ni! au ch'ni!* Je n'bois pas avec des raccoleurs. »

VADÉ. Les Raccoleurs, Sc. x. 1756.

Mme ENGUEULE.

« Quiens, chien, si j'prends un tricot...

CADET.

« Vous.

Mme ENGUEULE.

« Comment, tu crais donc, parce que j' t'ons gâté, que j' n'osons le faire ?

CADET.

« Eh ! *au ch'ni!* Est-ce que c'est fait pour un seuldar de mélice ? »

Mme Engueule, Sc. VIII. 1754.

« *Au ch'ni!* la contrebande. »

Amusemens à la Grecque, p. 7. 1764.

Cette locution cadrait à merveille avec l'habitude qu'avaient alors les mariniers, les portefaix, les marchandes de marée, les bouquetières et autres, de se traiter réciproquement de *chien* et de *chiennes* dans leurs querelles, et de faire intervenir ce mot dans toute conversation quelconque, soit comme exclamation, soit comme juron, et le plus communément sans nécessité. Je le ferai voir un peu plus loin par maints exemples.

CHEVALIER DE LA COURTE LANCE. Savetier.

> *Chevalier de la courte lance,*
> Ou Savetier, par révérence.

Révélation du Jeusneur ou vendeur de gris, estably dans le Parvis Nostre-Dame, contenant les remèdes nécessaires à la maladie de l'Estat, p. 2. Paris. 1649.

CHEVALIER DE LA CROIX DE SAINT-ANDRÉ. Un homme qui a été roué.

Amusemens à la Grecque. p. 46. 1764.

CHEVALIER GRIMPANT. Laquais qui monte derrière les carrosses.

« Une vingtaine de *chevaliers grimpants* aussi insolents que leurs maîtres. »

Cahier des plaintes et doléances des dames de la Halle, p. 11· 1789.

CHEVALIER DE LA GRIPPE. Filou.

« Si alle n'prend pas, on t'prendra, toi, *chevalier de la grippe.* »

Riche-en-gueule, p. 25. 1821.

CHEVALIER DE LA LANCETTE. Barbier.

Cahier des plaintes et doléances, etc. p. 25. 1789.

Il existe encore, de création populaire, plusieurs autres ordres de chevalerie, que je me dispense d'énumérer. Mais par le langage propre aux chevaliers de ces ordres, langage dont j'ai rassemblé ici quelques échantillons, on voit assez que c'était avec d'autres armes que l'épée qu'ils accomplissaient leurs prouesses et obtenaient leur dignité.

CHIEN.

Ce n'est pas d'aujourd'hui que le mot *chien* adressé à quelqu'un est une injure. On en a usé de cette manière chez les Hébreux, les Grecs et les Romains, et la tradition en a été receuillie par les Français, et surtout par les Parisiens avec autant de respect que s'ils n'eussent pas été capables de l'inventer eux-mêmes. Je me demande ce qui a valu ce triste privilége à un aussi excellent animal. Ses qualités, son intelligence, la force de son attachement, son imperturbable fidé-

lité, tout ce qui frappe d'abord et charme le plus en lui, tout
ce qui enfin lui a mérité l'honneur d'être proposé aux hommes
comme le modèle par excellence de toutes ces vertus, aurait
dû, ce semble, le tenir à l'abri d'un préjugé qui les met toutes
en oubli, et qui, par une contradiction singulière, fait du plus
estimable des animaux, le plus méprisable et le plus vil. Mais
ce n'est pas ici le lieu de traiter cette question. Bornons-nous
à dire que tout notre moyen-âge littéraire atteste la faveur singulière qu'y obtint cette injure; qu'elle a même sa place dans
les écrits postérieurs d'où la langue et les mœurs perfection-
nées et plus polies semblaient devoir l'exclure, qu'elle remplit
les écrits populaires du XVIIIe siècle et du commencement du
XIXe, et qu'elle continue à faire partie du sottisier de la classe
de gens pour qui ou par qui ils ont été composés. On en pourrait dire ce que disait je ne sais quel plaisant du mot *goddam*,
relativement à la langue anglaise, qu'il est le fond de la langue populaire parisienne. Et il n'est pas de sauce à laquelle on
ne l'accommode.

J'en pourrais citer d'innombrables exemples, mais ce serait
toujours la même chose, et l'on en sera suffisamment ennuyé,
sans cette uniformité même. En voici donc seulement quelques uns.

Il y a d'abord la locution *chien de* avec les noms masculins
et *chienne de* avec les noms féminins: on dit ce *chien de* temps,
cette *chienne de* pluie, et tout le monde le dit, selon les gens
plus ou moins collet-montés chez lesquels on se trouve.

Il est *chien*, ou quel *chien!* se dit un homme désagréable,
brutal, sévère ou avare.

Un *chien!* est un juron.

« Mais un *chien!* Qui recule avet nous ? »

Mme Engueule, Sc. VIII. 1754.

Jarnichien! en est un autre ·

« *Jarnichien!* c'est noir. »

Ibid. Sc, 1.

Chien est un adjectif dans :

« Le tour est *chien*. »

Le Galant Savetier, par Saint-Firmin, Sc. VII. 1802.

Double *chien!* est une apostrophe.

Ibid. Sc. IX.

« Vilain sac à *chien* ! »

> Léandre hongre, Sc. iv, dans le Théâtre des Boulevards, T. 1,
> p. 205. 1756.

« Marie *quatre à chien !* »

> Amusemens à la Grecque. 1764.

« Il aura une peur d'un *trente chiens.* »

> Mme Engueule, Sc. 1. 1754.

Tout le monde connaît ce refrain d'une chanson grivoise
de Vadé :

> J' veut être un *chien*,
> Y a coups d'pied, y à coups d'poing
> J' l'y cassis la gueule et la mâchoire.

Mme Engueule.

« Sarpé millions d'escadrons d'*chiens!* c'est Suzon qui m'a
joué c'tour-là? Garés, que j'la mette en bringue... Est-ce ti là,
chienne, le grand marcy de t'avoir porté neuf mois dans mes
entrailles ?

Suzon.

« Eh ben! montés dans ma hotte ; j'vous porterai un an, et
vous m' devrés encore trois mois.

Mme Engueule *à Lavigueur.*

« Pour toi, j' te pardonne tout; mais pour Suzon, et ce
p'tit *chien*-là (Cadet) qu'étoit dans le ministère (mystère), sans
m'en avartir, j' les rend bâtards. »

> Mme Engueule, Sc. xiii. 1754.

Dans un couplet du XVIIe siècle, tiré, dit M. Francisque
Michel (*Études de philologie comparée sur l'argot,* p. 109), « d'un
manuscrit de son cabinet, » on lit :

> Pour tenir un *chien*
> De taille jolie,
> Un reméde certain,
> C'est de l'eau-de-vie;
> La petite de Saint-Martin
> En avalle soir et matin.

D'où M. Francisque Michel conclut que, comme on donnait
de l'eau-de-vie à un chien « pour le tenir » (ce qui, par paren-
thèse, est un moyen de conviction ou un appât assez singulier),

« on a pu dire dans le peuple, de la *liqueur de chien* pour de *l'eau-de-vie*, et que cette expression aura pris faveur, à cause du proverbe qui dit que le chien est l'ami de l'homme. »

Je trouve d'abord un peu bien forcée ou plutôt tout à fait chimérique cette allégation, tirée par voie de conséquence, que le nom de *chien* a été donné à l'eau-de-vie, en reconnaissance de l'amitié que le chien porte à l'homme. On a pu, et bien certainement par un autre motif que j'avoue ne pas connaître, appeler de l'eau-de-vie *du chien*, puisqu'on l'appelait au XVIIIe siècle et qu'on l'appèle encore à présent du *sacré chien*; mais, dans tous les écrits populaires ou poissards que j'ai examinés, je n'ai pas trouvé un seul exemple du mot *chien* ayant la signification d'eau-de-vie, et j'en ai trouvé une quantité de la locution *sacré chien* avec la même signification.

J'admets toutefois que M. Francisque Michel soit en mesure de produire des exemples de l'une et l'autre sorte, il ne lui sera pas aisé de nous persuader que, pour s'attacher un chien, il faille lui faire avaler quelques petits verres, pas plus qu'il ne nous persuadera que, pour tenir un chien dans sa niche, il faille le lier avec des saucisses. Il me semble que la « jolie taille » du chien de son couplet et l'abus qu'y fait de l'eau-de-vie « la petite Saint-Martin », auraient dû le frapper et le faire douter de son interprétation.

La vérité est qu'ici le chien est la petite Saint-Martin elle-même, et que ce mot était alors comme il n'a pas cessé d'être appliqué tantôt à l'amant en titre d'une fille publique, tantôt à cette fille elle-même, ou à tout autre en possession d'un amant. En voici deux exemples de dates récentes :

« J'entends un cri. Cré nom ! c'est mon *chien* ! »

Le Gaulois, journal, numéro du 27 Décembre, 1868.

Ici, c'est la fille qui parle de l'amant. Mais voici l'amant qui parle de et à la fille :

Mon p'tit *chien*,
Ca va bien...
J' t'acheterai d'abord
Un p'tit bonnet sans dentelle
Tu n' m'en paraîtras qu'plus belle.

Album lyrique, IIIe livraison. Paris, chez F. Gauvin. S. D.

Ch... rondement. Prendre son parti sans hésiter, sans faire de façons.

« Pardienne, Mamselle, vous l'avez déjà fait. A quoi bon tant tortiller... Il faut *ch... rondement,* et ne pas faire les choses en rechignant. »

Isabelle double, Sc. ix, dans le Théâtre des Boulevards, T. II, p. 180. 1756.

Se ch.... de quelqu'un, c'est se moquer de lui.

Amusemens à la Grecque, p. 15. 1764.

On trouve plusieurs autres exemples, mais sans citation de textes, de l'emploi de ce verbe dans le Dictionnaire de M. Littré; toutefois, ce dernier y est omis.

Chincher. Chiffonnier, fripier.

Chacun retourne à son mestier
De *chincher* ou de savetier.

Le Congé de l'armée normande, p. 4. Paris. 1649.

Ce mot est formé de *chinche,* vieux linge, chiffon, guenille, prononciation vicieuse et signification péjorative de *cheinse* ou *chainse,* étoffe de lin pur (*lineus pannus de puro lino compositus*), dont on faisait des serviettes et des mouchoirs (*mappulas*), des essuie-mains (*lintea ad manus tergendas*), des braies (*femoralia*) pour les moines, quand ils sortaient de leurs couvents, des chemises ainsi que des vêtements de dessus à l'usage des deux sexes. (¹)

Cheinsil ou *chainsil,* avait la même signification et Du Cange (édit. Didot) donne de nombreux exemples de l'emploi de *chainse* et *chainsil,* tirés des vieux poëtes français. J'y renvoie le lecteur.

Chinche est une forme normande. Il y a à Rouen une rue des *Chinchiers. Chincherie,* dans le même dialecte, signifie toute sorte de linges : de table, de toilette, de cuisine, etc.

« Verre, toute *chincherie,* chire qui est venut ovec son miel... ne doivent rien. »

(¹) Voyez Hontheim (Jo. Nic. *ab*), in *Historia trevirensi,* T. I. p. 664. 1750. — *Chronicon Fontanellense,* ch. 16. — Du Cange, éd. Didot, au mot *Camsitus,* T. II, p. 57, col. 3 ; p. 58, col. 1.

« *Chincherie*, ii d. por le tortel (¹) i foiz lan. »

Coutumier de la Vicomté de l'Eau de Rouen, ch. 19 et 22 ; dans De la Vicomté de l'Eau de Rouen, par Ch. de Beaurepaire, p. 306 et 312.

En Poitevin, on dit *cince* pour le chiffon servant à nettoyer le four, et *cencio*, en italien, veut dire chiffon en général.

CHOCHON. Compagnon, camarade.

> Habitués des faubourgs
> Dans les jours de fête,
> Je chante ici vos amours,
> L'aimable guinguette,
> Où l'on trouve sans façons,
> Francs amis et gais *chochons*.
> Vive la guinguette,
> O gué !
> Vive la guinguette !

La Guinguette, chanson par Debuire du Buc, dans Des Chansons populaires, par Ch. Nisard, T. II, p. 100. 1867.

Il ne faut pas croire que *chochon* soit ici un euphémisme pour cochon; c'est la prononciation chuintée de *soçon*, mot de l'ancien français qui signifiait compagnon, associé, et dont il reste encore des dérivés, sinon la souche elle-même, dans certains patois.

C'est *chochon* qui a donné lieu, par la force de l'analogie, à l'emploi du mot cochon dans ce dicton fameux, *Camarades comme cochons*. Mais cette interprétation a besoin d'être justifiée, et je l'ai fait de mon mieux.

Camarades comme cochons se dit, soit de gens qui font en commun des parties de plaisirs ou autres, et qu'on voit toujours ensemble; soit d'individus vivant dans des relations très-étroites, moins amis que liés par des circonstances parti-

---

(¹) Aux barrières de la ville de Rouen, on payait indépendamment de la coutume du roi pour l'entrée des denrées, un tourteau au *barrier* ou *barragier*. Ici, ce droit du tourteau est remplacé par 2 deniers.

culières, par un intérêt momentané, par un simple goût réciproque. Ce serait probablement ce goût réciproque qui constituerait l'intimité des cochons entre eux, comme il fait à l'égard des hommes.

Mais il n'y a pas plus d'intimité, si l'on peut dire, entre les cochons qu'entre tous les animaux qui habitent la basse-cour ou l'écurie; il y en a peut-être moins. Accoutumés à vivre ensemble, les animaux domestiques sont sans doute tout désorientés quand on les sépare, et ils font mille efforts pour se rejoindre. Mais si cette habitude est un effet de leur choix, c'est qu'elle a été d'abord, pour quelques uns du moins, un effet de la discipline. Or, pour ceux qui ont eu l'occasion de l'observer, nul animal n'est plus rebelle à la discipline que le cochon. Quand il est en marche, il tend sans cesse à se détacher de son groupe et à folâtrer à l'écart. Il n'y a que le fouet du porcher ou les coups de dents du chien qui puissent lui persuader de rentrer dans le rang. Toute sa camaraderie consiste à crier quand ou parce qu'un autre crie, et, dans ce duo, à faire sa partie en conscience. C'est alors qu'il produit en nous deux effets contradictoires; il nous écorche les oreilles et il émeut notre pitié. Il semble que c'est la prévision d'un danger prochain qui lui arrache ces cris déchirants, et, comme dit La Fontaine, qu'il crie —

Comme s'il avait cent bouchers à ses trousses.

Ce cri, répété par tous ou à peu près tous les autres, est la marque qu'ils partagent ce sentiment.

Dom Pourceau, je le crois fort, est donc égoïste. Le dicton eût été plus juste, si l'on eût pris le mouton pour objet de la comparaison. Quelle plus étroite amitié que celle qui règne entre les moutons? Ce n'est pas le cochon qui se jetterait à l'eau pour périr avec son camarade ou se sauver avec lui. Et quand on dit de quelqu'un qu'il se jetterait à l'eau pour ses amis, ne le déclare-t-on pas le modèle des amis? C'est sa parfaite connaissance du caractère du mouton, qui induisit Panurge à jouer à Dindenault le bon tour que vous savez. Il n'eût pas eu la même confiance en son traître dessein, s'il eût eu affaire à des cochons.

Je conclus donc que c'est par suite de quelque méprise qu'on assimile des camarades, des compagnons étroitement unis, à des cochons, et que ce n'est pas

Camarades comme cochons

qu'il faut dire, mais

Camarades comme sochons.

Essayons de le démontrer, et commençons par le commencement. Il en est de la recherche des origines de certains dictons populaires comme de l'action dans un récit dramatique; c'est en passant par une suite de faits qui procédent directement les uns des autres, qu'on arrive au dénouement.

Au moyen âge, on appelait *soces* deux ou plusieurs personnes qui s'associaient pour un commerce, une industrie quelconque, pour le payement d'une taxe, d'une redevance. Il n'est pas besoin d'être bachelier ni docteur pour voir que ce mot vient du latin *socius*, et quand même on n'aurait ouvert de sa vie un rudiment, on ne laisserait pas de reconnaître le mot *soce*, par exemple, dans *société* dont il est le radical. Les *soces* institués en vue d'exercer un commerce, d'exploiter une industrie, partageaient par moitié, ou par tiers, ou par quart, selon leur nombre, les bénéfices ou les pertes. Les Italiens appelaient *soccio* et les membres d'une association de ce genre, et l'association elle-même. C'est ce qui est clairement expliqué dans le dictionnaire *della Crusca*, au mot *Soccio*. En vertu de cette commandite, l'un des deux contractants confiait à l'autre un troupeau pour le mener au pâturage et en avoir soin; cela convenu et exécuté, il lui abandonnait la moitié du revenu. Il reste encore quelque chose de cet usage dans la Bresse et dans le Bugey, où il est appelé la *commande de bestiaux*.

Du temps qu'il y avait des fours banaux, chacun était tenu d'y porter sa pâte. Certaines gens obtenaient pourtant quelquefois d'exploiter un four à eux, à la condition de n'y cuire que leur pain et non celui des autres; autrement, le four banal eut souffert de la concurrence. Aussi, en Picardie, ne fallait-il rien moins que le consentement simultané du roi, de l'évêque et du vidame pour être mis en possession de ce privilége.

Ceux qui le faisaient valoir étaient des *soces*, et leur association une *socine*. Une charte de bourgeoisie, accordée aux habi-

tants de la ville de Busency par Henri de Grandpré, leur seigneur, en 1357 (¹), nous apprend que les *soces* payaient une
redevance en nature au fournier, c'est-à-dire à celui qui
tenait le four banal. Ainsi, tandis que le fournier ne prélevait
qu'*un* pain sur l'habitant qui, a lui seul, remplissait tout le
four de sa pâte, il avait droit à *deux* pains de la fournée des
soces, et encore fallait-il que ces pains fussent à sa convenance :

« Et li fourniers doit avoir de celui qui aura plain le four,
un pain. Et se *soces* cuisent, lidiz fourniers doit avoir *deux*
pains ; et si li pains que on li feroit, ne li séoit, il ne penroit
deux pains de *soces*, lesquels que il volroit, et les *soces* rauroient
les pains que on avoit faiz pour le dit fournier. » (²)

Soce, comme quelques autres mots, a reçu une terminaison
diminutive, et l'on a dit *soçon*. De même, on a fait de coche,
cochon ou le petit de la truie, mot que Frédéric Morel, dans
son *Dictionariolum*, traduit fort bien par *porcelet ;* de chausse,
chausson, de paillasse, *paillasson*, de tendre, *tendron*, de sau-
cisse, *saucisson,* quoique, dans la pratique, on intervertisse
la forme et le nom de ce dernier.

Mais si, en revêtant cette seconde forme, *soce* ne perdait
pas son sens propre, il en adoptait un plus complexe ; car,
outre que par *soçons* on entendait parler de gens ayant des
intérêts communs, on désignait aussi des amis d'enfance, des
camarades de collége, des compagnons de plaisir, des individus du même métier, tous ceux enfin ayant entre eux quelque
affinité de goûts, d'habitude, d'âge et d'éducation. On lit dans
des *Lettres de grâce* de l'an 1421 :

« Jacot Tranly, compaignon ou *soçon* de jeunesse d'icellui
suppliant, etc. » (³)

Environ trente ans plus tard, on ne dit plus *soçon*, mais
sochon :

« Compaignons, que n'estes-vous alez sonner? Vos compaignons et *sochons* y sont alez. » (⁴)

Le lecteur jugera si j'ai eu raison de contester l'exactitude

---

(¹) Ordon. des Rois de Fr. T. IV, p. 368.
(²) Du Cange, au mot *Socius.*
(³) Du Cange, au mot *Sodes.*
(⁴) Id., ib.

d'un dicton si profondément populaire et qui l'étant moins,
le serait encore trop. En tous cas, j'ai cru qu'il était utile
d'en essayer une restitution que je crois non-seulement conforme à la vérité, mais (et cela n'est pas indifférent à tout camarade et compagnon) à la politesse.

J'ai dit que le dicton *Camarades comme cochons*, devait
être exprimé ainsi : *Camarades comme* SOCHONS ; j'ai fait voir
que *sochon* était la prononciation chuintée de *soçon*, que *soçon*
était un diminutif de *soce*, lequel *soce* venait du latin *socius*,
qu'enfin les *soces, soçons*, ou *sochons*, étaient des gens associés
entre eux, en vertu de certaines règles, pour une industrie, ou
commerce quelconque. Or, si je prouve que cette expression,
un peu plus altérée, est encore en usage aujourd'hui, et s'applique à des procédés analogues, on ne saurait faire de difficulté d'accepter mon interprétation.

On lit dans le *Dictionnaire du patois normand* de MM. Du-
méril : « *Chonchonner*, faire ensemble. Peut-être du latin
cum, avec » (¹); dans le *Petit Dictionnaire du patois normand de l'arrondissement de Pont-Audemer*, par M. Vasnier :
« *Chochonner*, posséder, entretenir, utiliser un cheval en commun » ; dans le *Dictionnaire du patois du Pays de Bray*, par
M. l'abbé Decorde : « *Chochonner*, se dit des petits cultivateurs qui réunissent leurs chevaux pour cultiver leurs terres » ;
enfin, dans le *Glossaire picard* de M. l'abbé Corblet : « *Cheu-
chon*, compagnon de labour : *cheuchonner* se dit de deux petits
cultivateurs qui s'associent pour labourer avec le cheval que
chacun d'eux possède. Il signifie aussi en Bourgogne, vivre
en concubinage ». Ce dernier exemple qui m'avait échappé,
m'est indiqué par M. Jules Guillemin, secrétaire de la Société
d'histoire et d'archéologie de Châlon-sur-Saône, lequel je
remercie de me l'avoir rappelé.

J'énumère avec quelque complaisance toutes ces autorités,
n'y ayant pas trop d'une légion de témoins pour détruire une
imposture. Mais aurai-je détruit celle-là ? L'expérience nous
apprend que les proverbes les plus usités sont, la plupart du
temps, les plus estropiés, et qu'une fois estropiés, ils sont in-
curables.

(¹) C'est une erreur ; ma démonstration précédente le prouve.

J'espère, après cela, que le cochon représenté ici comme le type de l'amitié, ne sera plus que celui de la saleté. Pour en être réduit là, il ne perdra rien de ses qualités positives, et l'on mangera toujours ses jambons, comme si le principe même de leur excellence n'était pas l'ordure dans les mœurs de cet animal, et l'ordure dans son alimentation.

CHOSIER. Nom abstrait, qui ne représente ni un objet réel, ni une idée morale, et qui est usité seulement dans la locution proverbiale dont le passage qui suit offre un exemple.

PIAROT.

« Nout courpoura nous l'assuzez... May je m'attan qu'il en baye à gardé. N'an le nome plante-bourde à caure de ça.

JANIN.

« Y mézite ban ce relom-là, quer gny a mot de vézité en tout san qu'y di su s't'affaize. La queuë ne viant pas de ce viau ; *l'y a ban dé chores à un chorier.* » (¹)

> Nouvelle et Suitte de la Cinquiesme partie de l'Agréable conférence de Piarot et Janin, païsans de saint-Oüen et de Montmorency sur les affaires du temps, p. 7. Paris 1651.

Cette locution signifie que de tout ce qu'on raconte et qu'on assure avoir vu ou entendu, la plus grande partie est fort sujette à caution, et que pour bien distinguer le vrai du faux et n'être pas dupe, il est besoin d'une grande prudence et de beaucoup de discernement.

On sait que, sous le règne de Louis XIII et depuis, on a appelé *cabinet* un petit meuble dans le genre du buffet, à tiroirs ou à compartiments, dans lequel on renfermait toutes

---

(¹)   PIAROT.

Notre caporal nous l'assurait... Mais je crois bien qu'il en donne à garder. On le nomme plante-bourde à cause de cela.

JANIN.

Il mérite bien ce nom-là, car il n'y a mot de vérité en tout ce qu'il dit sur cette affaire. La queue ne vient pas de ce veau (*a*); il y a bien des choses dans un *chosier.*

(*a*) Se dit de choses qui n'ont pas de rapport entre elles.

sortes de papiers et d'autres choses de valeur fort inégale, quelquefois aussi de nulle valeur : c'est parmi les objets de cette
dernière catégorie qu'Alceste assigne naturellement une place
au sonnet d'Oronte. Ces cabinets étant plus particulièrement
des meubles de dames, on peut croire qu'"il y règnait le plus
souvent un certain désordre, et qu'on avait peine à y trouver
la chose qu'on y cherchait. Je m'imagine volontiers qu'on a pu
appeler en langage familier ces cabinets des *chosiers*. Je donne
cette conjecture pour le prix qu'on y voudra mettre.

CINQ CENTS (Faire les). Faire tous les efforts possibles.

> O! si vous aviais bonne envie
> Que le monde changît de vie,
> Tidié! vous feriais les *cinq cens*
> Pour raccrocher ces braves gens
> Qui prâchiont le pur Evangile.

Harangue des Habitans de la paroisse de Sarcelles à Mgr.
l'Archevêque de Paris, prononcée le 5 avril 1748, dans Pièces
et Anecdotes, etc., IIe partie, p. 29.

Sans complément, cette locution signifie déployer une turbu-
lence extraordinaire, faire le diable à quatre et autres choses
analogues. Dans le passage cité, où elle est suivie d'un complément, elle veut dire, comme je l'ai traduite, faire les plus
grands efforts. D'ailleurs, dans la forme où elle se présente ici,
elle est inachevée; il y faut ajouter le mot coups, et dire *faire
les cinq cents coups*. C'est l'exagération de la première forme,
faire les cents coups, qui signifie la même chose, et qu'on ne
trouve pas dans le Dictionnaire de M. Littré. Mais rien n'est
plus du caractère du peuple parisien que d'outrer ses propres
métaphores, même les meilleures, et ainsi de les énerver. Déjà
même *faire les cinq cents coups* ne lui suffit plus aujourd'hui;
il dit *faire les cinq cents dix-neuf coups*. Demain il y ajoutera
une fraction. On ne fait jamais trop de progrès à son gré.

CIVILISER. Faire civilité, complimenter.

> C'est là que le trio d'époux,
> Du hasard éprouvant les coups,
> Gobait goujon, couleuvre, anguille,
> En jouant à la bruscambille
> Un contre un, écot contre écot;

> Tandis que Nicole et Margot
> Faisaient compliment à Françoise
> Sur son casaquin de siamoise,
> Afin que Françoise à son tour
> *Civilisât* leur propre-amour...
> (Pour bien dire, on dit l'amour-propre).

Vadé. La Pipe cassée, chant II.

En d'autres termes, pour que Françoise leur rendît la réciproque au sujet de leur toilette.

« Ma mère... a prié note voisine qu'alle s'en aille à la bonne Sainte Genevieuve pour auquel une de mes chemises touche à sa châsse, et qu'ça me guérirait... J'irai demain vous *civiliser*, et puis j' f'ront un entrequien d'conversation là-dessus. »

Id. Lettres de la Grenouillère, Lettr. XX.

Le sens qu'on donne ici à ce mot n'est pas sans délicatesse ; malheureusement il est impropre, le sens propre est, rendu civil, courtois, chose qu'il n'était pas au pouvoir d'une blanchisseuse du Gros caillou de faire à l'égard d'un pêcheur de la Grenouillère.

CLEF DE L'AUTRE MONDE. Epée.

« T'as bin fait de n'pas t'y jouer, car ils ont la *clef de l'autre monde* au c., et t'aurois pu servir de serrure. »

Amusemens à la Grecque, p. 25, 1764.

COCOTTE. Fille galante.

« Une certaine Adeline qui représente aux Italiens ([1]) et plusieurs autres *cocottes* de même espèce. »

Cahier des plaintes et doléances, etc., p. 16, 1789.

Je ne donne ce terme que parce que les chroniqueurs parisiens des théâtres, des bals et concerts publics, des cafés et principalement de la galanterie de haut et bas étage, estiment qu'il est d'invention moderne.

COLLE (Ficher la). En faire accroire à quelqu'un ; lui conter des bourdes.

> Avez-vous repris la parole
> Pour nous venir *ficher la colle*,

([1]) C'est-à-dire qui est figurante.

Depuis que vous vendez du gris (¹)
A tous les simples de Paris ?

Révélation du Jeusneur ou Vendeur de gris, estably dans le
parvis de Nostre-Dame, contenant les remèdes nécessaires à la
maladie de l'Estat, p. 4. Paris, 1649.

« Escoutez surtout ; *fichez*-luy bien vostre *colle*, et qu'elle
soit franche. » (c'est-à-dire qu'elle soit persuasive).

La Comédie des Proverbes, par Adrien de Montluc, act. III,
sc. VII, 1633.

COLLER SA PEAU. Épouser.

« S'il est bian du bon vray que vous vouliez *coler* vote *piau*
à la mienne par un bon rémotif. »

Poissardiana, p. 24, 1756.

CONSEILLEUX DE BAL. Mauvais conseiller.

LA RAMÉE.

« T'nez, la mère Saumon, vous avez tort de n'pas donner
mamzelle Javotte, votre fille, à monsieur la Brèche, note sargent ; c'est un brave homme, quand j'vous l'dis....

« Non, monsieu l'beau *conseilleux d'bal*, je n'voulons pas de
ç'te charge-là ; j'voulons une charge de rapport, comm' qui
diroit pérutier, et en boutique encore. »

Vadé. Les Raccoleurs, sc. v. 1756.

S'il était question de bal dans la pièce de Vadé et dans le
passage où se trouve cette locution, on pourrait croire qu'il
entend par là un musicien de l'orchestre, et qu'il l'appèle *conseiller de bal,* pour se moquer de ce titre de conseiller, alors
fort discrédité, parce qu'on en abusait comme on fait aujour-
d'hui de celui de professeur. Mais il s'agit ici d'un soldat qui
conseille à une marchande de poisson de donner la main de sa
fille à un sergent, alors qu'elle a fixé son choix sur un perruquier. Le conseil est donc mal reçu, et le conseiller traité à
l'avenant. Il faut donc lire ici *conseilleux de balle*, par allusion
à la marchandise dite *de balle*, parce qu'elle est de qualité
inférieure. Un homme ou une chose *de balle*, se disait d'un
homme ou d'un objet sans valeur.

Vrament, c'est un biau Saint *de balle !*

_____

(¹) Voyez GRIS.

est-il dit dans le *Compliment inespéré des Sarcellois à Mgr. de Ventremille, au sujet du pèlerinage de Saint-Médard*, p. 17. 1733.

Allez, rimeur *de balle*, opprobre du métier,

dit Vadius à Trissotin.

On dirait aujourd'hui *de pacotille*.

COQ ET DE CAILLE (de). D'estoc et de taille.

« Monsieur d'la Brèche m'voit dans les douleurs, tire l'épée à la main-nue, et cric, crac, zin, zon, piff, paff, il s'escripe si bien *d'coq et d'caille* qui m'tire d'embarras en un crin d'œil. »

Vadé. Les Raccoleurs, sc. XIX. 1756.

CORNICHE LUI EST TOMBÉE DANS L'ŒIL (La). Il a eu du bonheur.

« Tu sais qu'elle a quitté les alumettes pour vendre des motes. Il y a queuqu'jours que j'la rencontris qui en avoit encore un reste.... Elle me demande si j'veux lui en donner à moiquié gain... J'faisons nos conventions. Elle prend l'devant ; la chance l'y tourne, comme si alle avait joué au bâtonnet avec moi ; *la corniche l'y tombe dans l'œil* ; chacun en achète, et au bout d'un moment elle revient à vide. »

Amusemens à la Grecque, p. 23. 1764.

La *corniche* n'est pas ici cette avance qui règne autour d'un bâtiment, à la naissance du toit, c'est une petite corne. On disait d'un mari trompé par sa femme, « qu'il lui était tombé une corniche sur la tête ; » mais l'on disait aussi « heureux comme un *trompé* », parce qu'on supposait que cet état du mari était une cause de bien-être et de prospérité dans le ménage. Nos vieux conteurs et La Fontaine après eux ont donné de la vogue et du crédit à ce préjugé, et le peuple de Paris en est encore imbu. C'est que la même cause qui l'entretient subsiste encore, et qu'elle ne semble pas près de finir.

Madame de Sévigné, sur le bruit qu'une corniche de la maison de Bussy était tombée sur sa tête, lui écrit que « ce ne sont pas des diminutifs qui font du mal à la tête de la plupart des maris, et qu'ils se trouveraient bien heureux de n'être offensés que par des corniches » (Lettre du 6 juin 1668).

Ce même dicton a échappé aux recherches de M. Littré.

Comme, dans notre exemple, il s'agit d'une femme que la

fortune favorise, l'auteur a cru devoir lui faire tomber la corniche dans l'œil au lieu de la tête; mais qu'elle tombât sur telle partie de la tête ou sur telle autre, il est certain que la chute en était regardée comme un signe de bonheur.

Cour des aides (La). Auxiliaires des maris négligents à l'égard de leur femme.

« C'est mon père; mais, respect de son caractère, c'est un vieux fou. Il a beau m'en choisir deux ([1]), c'est pour moi que je me marie, ce n'est pas pour lui. Et quoique la *Cour des aides* ne soit pas un chien ([2]), ce sera toujours du bon temps que j'aurai avec stilà que j'aime. »

> Blanc et Noir, parade, sc. ii; dans le Théâtre des Boulevards, t. II, p. 239. 1756.

Cracher aux yeux. Insulter, outrager.

> Je te plais, j'empaume les Dieux,
> Et ce faquin me *crache aux yeux.*

> Suite de l'Orphée avec les Bacchanales ou les Rudes joueuses, p. 7. Paris, 1649.

Cracher sur la vendange (Ne pas). Être bon biberon.

Expression très-parisienne, et que la population ouvrière de Paris, la moins sobre peut-être qu'il y ait au monde, redit plus souvent que ses patenôtres. Mais ici, elle n'est pas d'original, et c'est pourquoi j'en fais mention. C'est une variante assez malpropre de la forme charmante : *Ne pas prêcher sur la vendange,* et que La Fontaine nous fait connaître :

> Messire Jean, c'était certain curé
> Qui *prêchait* peu sinon *sur la vendange;*

c'est-à-dire qui, le verre en main, ne s'amusait pas à pérorer au lieu de boire, défaut propre à certains buveurs.

Cependant, *Ne pas cracher le vin,* au xviᵉ siècle, voulait dire aimer à boire, et surtout bien porter son vin. Guillaume Bouchet, dans sa deuxième *Série,* p. 42, verso (1585), s'exprime ainsi :

« Nostre drosle qui ne *crachoit point le vin,* nous asseuroit

---

([1]) Deux prétendants.
([2]) C'est-à-dire, à dédaigner.

que la meilleure eau de toutes estoit celle qu'on mettoit et qu'on mesloit parmi le vin. »

CRIBE ou CRIBLE. Grands airs, grandes prétentions. *Faire ses cribes*, faire ses embarras, faire le fier. *Faire cribe*, faire de l'embarras, du bruit.

PIAROT.

« Jarnigué, tu me feras bigotté ([1]). »

JANIN.

« La! bigotte tout ton guiébe de sao, tu *fesas* hier trop *tes cribes* avec ton abi neu ([2]). »

> Nouvelle et suitte de la Sixième partie de l'Agréable Conférence de Piarot et Janin... sur les affaires du temps présent, p. 4. Paris, 1649.

> La pauvre femme, c'est pitié !
> Al a un homme bian tarible,
> Un homme qui, sans *faire crible*,
> Luy aura fait quelque guignon,
> Et très-bian frotté son taignon.

> Suitte de la Gazette de la place Maubert, par l'autheur de la Gazette des Halles, touchant les affaires du temps. A Paris, chez Michel Mettayer, imprimeur ordinaire du Roy, demeurant en l'Jsle Nostre-Dame, sur le pont Marie; au Cigne, 1649. Pag. 3.

Suivant sa trop fréquente habitude, Roquefort donne, sans apporter d'exemples à l'appui, les mots *cribelle* et *cribeste* avec le sens de crête, huppe, aigrette. Tel peut être le sens de *cribeste*, mais ce ne saurait être celui de *cribelle*. En effet, venu du latin *cribellum*, diminutif de *cribrum*, *cribelle*, est devenu *crible*, peau percée de trous, et servant à tamiser. L'impossibilité où nous met Roquefort de contrôler par un exemple le sens qu'il attribue à *cribelle*, autorise à restituer à ce mot le sens qu'il paraît à bon droit réclamer.

Cribeste, au contraire, pris dans le sens de crête, n'est peut-être pas incapable d'être justifié étymologiquement. Il se pourrait qu'il vînt de *crista*. Mais alors, il faut admettre, outre

---

([1]) M'impatienter. Je crois que ce mot est une altération de *biscoter*, diminutif de bisquer, qui est dans Cotgrave.

([2]) Habit neuf.

le *b* intercalaire, que le groupe *st* qui suit ce *b*, a reçu, en passant dans le français, la prononciation qu'il a encore en Provence et en Languedoc, savoir celle d'*est*, comme dans *estatue*, *estation*, *estatut*, etc. Le lecteur jugera si cette conjecture est trop hasardée.

Ce qui paraît certain, c'est que, dans le vieux français, le préfixe *crib*, a le sens de quelque chose d'élevé de proéminent; d'où la signification de haut de la tête, appartenant au mot *cribunel*, dans le vers suivant :

Puis le prent par le *cribunel*,

dans le *Roman de Renart*, t. III, p. 25, v. 20451.

Croupe. Pouppe.

« Son père a eu le vent en *croupe*; c'est ce qui fait qu'il a acheté de belles et bonnes rentes voyagères » (¹).

Le Déjeuner de la Rapée, p. 19. 1755.

Cruchon (Sucer le). Boire.

Chacun dans son petit état,
Travaillant comme un vrai forçat,
Des six jours se fait un carême
Pour pouvoir aller le septième
Sucer, comme on dit, *le cruchon*.

Les Porcherons, chant 1er, dans Amusemens rapsodi-poétiques, t. II, p. 127. 1773.

C. Sous cette initiale, dont je retranche les deux lettres qui la suivent et qu'on devine, je réunis quelques parisianismes qui manquent, soit dans le Dictionnaire de M. Littré, soit dans ceux qui ont dû, comme lui et avant lui, receuillir les applications populaires de ce mot.

A *c.. ouvert*. Dans les formes, avec les cérémonies requises, quelquefois aussi, avec cordialité.

« J'commencîmes par une révérence *à c.. ouvert* qui n'avoit pas l'air job, da! »

Le Paquet de Mouchoirs, p. 35, 1750.

Prendre la mesure du c.. avec le pied. Donnez un coup de pied au derrière.

(¹) Viagères.

« S'il me regarde de travers, je lui *prends la mesure de son c.. avec mon pied*, de son mufle avec mon poing. »

> Dialogue pas mal raisonnable entre un ancien commis de barrière, un passeur, un couvreur, un charpentier et une dame de la Halle, p. 7. S. l. n. d. (1790).

C'est bien cacher à qui le c.. voit. C'est-à-dire à la vue duquel rien n'échappe, et qui a des yeux même derrière lui.

BOURGUIGNON à Margot.

« Ah, ah! que faites-vous d'un sac? » (¹).

Madame ROGNON.

« Un sac? Il est bon là. Queu mic-mac! Il n'est que trop plein son sac » (²).

Madame COTTERET.

« Margot, pourquoi montrer ça comme ça; cache-le donc, si tu puis. »

BOURGUIGNON.

« Ah! oui, ma foi; *c'est bien cacher à qui le c.. voit!* Allons de franc jeu, Margot, comme à ton ordinaire. Qu'est-ce que c'est que ça? »

> Le Porteur d'eau ou les Amours de la ravaudeuse, comédie, sc. IV; dans les Écosseuses ou les Œufs de Pâques. 1739.

Tout comme le c.. vous pèlera. Tout comme il vous plaira.

CHAMPAGNE.

« C'est votre métier; gouvernez ça comme vous l'entendrez.

BOURGUIGNON.

« Tout comme il vous plaira.

Madame ROGNON.

« *Tout comme le c.. vous pèlera.* Mais v'là qui est admirable! Comment? je verrai ma nièce en écritures, et je ne parlerai pas! »

> Ib., sc. v.

Un autre passage offre la variante *Tant que le c.. vous pèlera.*

(¹) Un sac d'écus soi-disant.
(²) Elle était grosse.

LÉANDRE.

« Mais je te dis moi que ça presse.

GILLES.

« *Tant que le c.. vous pèlera.* Je ne fais pas si vîte, moi ; je m'en vais ruminer tout ça. Adieu, note maître, je nous reverrons tantôt. »

La Vache et le Veau, parade, sc. ii, dans le Théâtre des boulevards, t. II, p. 178. 1756.

Faire beau c.. Prendre son parti philosophiquement d'un malheur qu'on ne peut empêcher ; céder avec grâce à la nécessité.

Je demande pardon de la citation un peu longue que je vais produire, à l'appui de mon interprétation ; mais c'est une page d'histoire sérieuse et piquante tout à la fois, et qu'il ne faut pas mutiler.

« Je veux raconter quelle singulière forme de négociation fut employée pour obtenir du prince Guillaume la cession de son duché de Nassau-Siegen. Cette contrée était indispensable à l'arrondissement du nouvel état que l'Empereur avait résolu de former sous le titre de grand-duché de Berg... L'Empereur prit le parti de traiter avec le prince Guillaume de l'échange de sa principauté contre une contrée aussi étendue et plus productive dans l'intérieur de l'Allemagne.

« M. de Talleyrand était ministre des affaires étrangères. Le prince se trouvait alors à Paris, où il avait eu quelques relations avec le général Beurnonville ; M. de Talleyrand jeta les yeux sur lui pour traiter de l'échange. Il connaissait au général un extérieur fanfaron et je ne sais quoi d'incisif qu'il croyait propre à triompher de l'entêtement du prince Guillaume, qui était passé en proverbe. Le projet d'échange avait été rédigé d'avance ; le ministre, en le remettant au général Beurnonville, lui recommanda d'employer tout ce qu'il possédait de dextérité à obtenir l'assentiment du prince, mais de ne rien précipiter, de s'y prendre avec beaucoup de douceur et de mesure. « C'est, ajoutait le ministre, une cruelle extrémité pour le chef de la maison de Nassau, que d'abandonner un état héréditaire où s'attachent tant de glorieux souvenirs. Sa susceptibilité peut être extrême sans être exagérée ; il faut la ménager, et, je le répète, mettre le temps de notre côté. »

« Beurnonville d'applaudir et d'applaudir encore aux délicates prévisions du ministre ; il se charge des papiers qui contiennent sa mission.

« Le lendemain matin, M. de Talleyrand trouve le général à son lever : « Eh bien ! Avez-vous déjà vu le prince Guillaume ? Vous venez sans doute me dire que vous en avez été fraîchement accueilli ? Il fallait nous y attendre ; mais le début n'est pas grand'chose en une telle affaire. De la patience, et nous réussirons. »

« Pas de cela, répond Beurnonville ; tout est terminé. Voilà les doubles du traité signés par le prince. »

« M. de Talleyrand : « Mais par quel miracle et comment vous y êtes-vous donc pris ? »

» Le général : « Ma foi, j'ai bien repassé dans mon esprit les recommandations que vous me fîtes hier. En vous quittant, j'allai tout droit chez le prince que je rencontrai seul. L'occasion était à souhait pour lui parler d'affaires : Prince, lui dis-je, vous savez ou vous ne savez pas que l'Empereur a besoin de votre duché de Siegen. Il vous offre en échange une principauté dans l'intérieur de l'Allemagne, plus forte en population et plus riche en produits ; voilà le traité tout dressé. Je sais bien que vous avez de bonnes raisons pour refuser cet arrangement ; mais, sacredié ! vous n'êtes pas le plus fort ; ainsi, croyez-moi, *faites beau c..* — Et le prince a *fait beau c..*, reprit froidement M. de Talleyrand. — Oui, sans barguigner, dit Beurnonville, et, ma foi, je ne croyais pas en finir si tôt. »

Mémoires du comte Beugnot, ancien ministre (1783-1815). publiés par le comte Albert Beugnot, son petit-fils. T. I, p. 298 et suiv.

CUIRE LA NOCE. Faire cuire les mets destinés au repas de noce.

Métonymie unique en son genre et pleine d'audace, par laquelle on soumet à l'action de cuire les convives du festin, au lieu des mets qu'ils doivent y manger.

« J'allons au devant de ly, pour ly toucher queuque chose de l'affaire. Ah ! Cadet, à la tandis, t'iras nous queri zeune voye de bois de douze sols, pour *cuire la noce.* »

Madame Engueule, sc. IX. 1754.

CUIT DE JEUDI. Se dit d'une chose sur laquelle il est trop tard pour revenir, d'une faute qu'il n'est plus temps de réparer.

« Quand l'amoureux est content, il saigne du nez ([1]), et s'en va de long. Vouloir le rattraper, c'est tirer le diable par la queue. La jeunesse devroit retenir ça dans son catéchisme. Qu'a fait la sottise la boive ; la Grifaude la but tout son saoul. V'là que la créature est en l'air après son Cornichon, à ce qu'il eût à réparer le dommage arrivé par lui à l'endroit d'elle ; mais, *nescio vos* ; à d'autres ; ceux-là sont raflés, ils sont *cuits de jeudi* ; il n'y a plus de Cornichon pour elle. »

Les Écosseuses, p. 31. 1739.

C'est une allusion à l'ancienne coutume des boulangers de ne cuire qu'à certains jours de la semaine. Pour les uns, c'était le jeudi ; pour les autres le samedi, ou tout autre jour. Comme alors les particuliers pétrissaient chez eux la pâte à des jours déterminés, qu'ils en formaient le nombre de miches nécessaires pour subvenir pendant un temps également déterminé, aux besoins de la famille, et que ces miches étaient ensuite portées au four commun, il fallait, pour mettre de l'ordre dans les fournées, que le boulanger eût des jours de cuisson fixés et accommodés aux convenances de ses pratiques. Ces mêmes jours, il cuisait, avec leur pain, celui qu'il faisait pour lui-même afin de le vendre aux gens qui n'avaient pas le moyen d'en faire chez eux. Ceux-ci naturellement n'avaient garde de prendre, le vendredi ou le samedi, le pain cuit du jeudi, et le boulanger eût perdu son temps à les y solliciter.

DÉCLAQUER. Appliquer, porter avec force.

« J'ay buqué tout belleteman à sn'huy ; sa minagèze a demandé qui est là ? Ouvré, s'y ay-je réponu ; c'est Janin de Moumorancy. Al 'a ouvar l'uy tou de gran, é, comme je ly fesas le pié de viau, al m'a *déclaqué* une grande plantuse su la bouffe. „ ([2])

([1]) Il se dérobe, il manque de courage.

([2]) J'ai heurté tout bonnement à sa porte ; sa ménagère a demandé qui est là ? Ouvrez, lui ai-je répondu ; c'est Janin de Montmorency. Elle a ouvert la porte toute grande, et comme je lui faisais le pied de veau (a), elle m'a appliqué un bon soufflet sur la figure.

(a) Je la saluais (en poussant vivement le pied en arrière, à la manière des veaux qui ruent).

Suitte et Quatriesme partie de l'Agréable conférence de Piarot et de Janin, païsans de Saint-Ouen et de Montmorency, sur les affaires du temps, p. 4. Paris, 1649.

Le préfixe *dé* qui signifie généralement l'action d'ôter, de défaire, de descendre, etc., et qui représente la préposition latine privative *de*, a quelquefois aussi un sens d'extension, d'augmentation, comme dans défaillir, et comme ici dans *déclaquer*, augmentatif de *claquer*, faire du bruit.

Dans l'*Agréable conférence* suivante, c'est-à-dire la Cinquième, p. 6, *déclaquer* a le sens de détraquer, faire craquer.

« La dessu, le guiébe me tenti de bouttre dé botte de couir une foua en ma vie... Y faillu ban dé machène pour en choussé une ; enfen, al i entri. Mai quan ce vint à la jambe gouche, où j'ay évu, grâce à Guieu, lé lous, je pansi regnier ma vie, car n'an me *déclaqui* la cheville du pié. » (1)

Mais *déclaquer* ici encore est un augmentatif de *claquer* ; car la cheville ayant craqué par l'effet d'une compression trop forte, a, comme un soufflet, fait du bruit, quoique ce bruit ait eu moins d'éclat.

Delanche. Epileptique, ou qui a le teint d'un épileptique.

La malebosse ! le sot jeu
Qui blesse non pas pour un peu,
Qui fait très-bien mal à la hanche.
Foin, ça fait devenir *delanche*.

Le Véritable Gilles le Niais, en vers burlesques. S. L. ni D. (1649). p. 8.

On lit dans Cotgrave, au mot *Delence* (2) : « in stead of *d'ellend* ; of the colour of un elke » ; c'est-à-dire, au lieu d'*ellend* ; de la couleur de l'élan. D'autre part, on lit dans Ambroise Paré, *Licorne*, 19 : « Et quand ce ne seroit que la misère de l'animal qui tombe si souvent en épilepsie, dont les Allemands l'appel-

---

(1) La-dessus, le diable me tenta de mettre des bottes de cuir une fois en ma vie... Il y fallut bien des machines pour en chausser une. Mais quand ce vint à la jambe gauche où j'ai eu, grâce à Dieu, les loups (*a*), je pensai renier ma vie, car on me détraqua la cheville du pied.

(*a*) Nom donné à certains ulcères rongeants que l'on comparait à des loups dévorants. Littré.

(2) Il y a *deleuce* ; mais c'est une faute d'impression.

lent *hellend* qui signifie misère. » Cette étymologie sans doute est peu vraisemblable, mais c'est grâce à elle, ainsi qu'à la définition donnée par Colgrave, que je suis parvenu à comprendre et à interpréter le mot *Delanche.* J'ajoute que ce mot n'est dans aucun dictionnaire, si ce n'est dans celui de Cotgrave qui a dû, dans le temps même où il le recueillait, l'entendre prononcer par les Parisiens.

La pièce (c'est une mazarinade) d'où je l'ai tiré est une espèce d'amphigouri, de propos interrompus, dont on a peine à comprendre six vers de suite.

DÉQUILLER. Renverser, faire déchoir d'une dignité, d'une prérogative.

> Quand Paul l'aisné ton deffunct frère
> *Desquilla* du trosne des lois,
> Et fut planter choux près de Blois.

Le Procez burlesque entre monsieur le Prince et madame la duchesse d'Aguillon, avec les plaidoyeries, par le S. D. S. M. p. 35. Paris, 1849.

> Je veux contre la médisance.
> Soustenir sa haute Eminence,
> Réfuter tout ce qu'on a dit,
> Pour la *desquiller* de crédit.

Apologie du Cardinal burlesque, p. 4. Paris, 1649.

« S'il avait été de la cour, il aurait bien *déquillé* La Rivière. »

Tall. du Réaux, historiette du Petit Gramond.

Déquiller, c'est faire tomber comme une quille.

Si je note ce mot que M. Littré a déjà recueilli, c'est qu'il est encore en vigueur dans le populaire parisien.

DERRIÈRE (Avoir la clef de son). N'être plus un petit enfant ; avoir l'âge de raison.

> Sachez que le nôtre, morbleu,
> Ne marche plus à la lisière,
> Qu'il *a la clef de son darrière,*
> Qu'il en prend partout où il peut,
> Et se divartit tant qu'il veut.

Harangue des habitants de Sarcelles à Mgr Charles, dit de Saint-Albin, archevêque, duc de Cambrai, etc., dans Pièces et Anecdotes, IIe partie, p. 155. 1741.

DERRIÈRE (Se découvrir le). Se démasquer, se trahir.

> Lorsque l'an ment, c'est dans la vuë,
> Parguié, qu'une chose soit cruë,
> Sinon, ign'auroit, Monsigneur,
> Point de plaisir d'être menteur.
> C'est pourtant pas votre manière ;
> Vous *vous découvrez le darrière,*
> A chaque fois que vous hâblez.

Deuxième Harangue des habitants de Sarcelles à Mgr l'archevêque de Sens, dans Pièces et Anecdotes, I^e partie. p. 361. 1740.

DÉTRIVER (Se). S'apaiser, calmer sa colère.

> Le roy voyant cette avanture,
> Ne sçait que faire. Il peste, il jure...
> Sur ce arrive Sainct-Yon
> Qui démonstre à nostre bon sire
> Qu'il vousist appaiser son ire ;
> Que le peuple se sou'levoit,
> Contre celuy qui l'oppressoit,
> Et restoit sur la deffensive.
> Aussitost le roy *se détrive,*
> Et faisant trève à son courroux, etc.

Véritable récit de ce qui s'est passé aux Barricades de 1648,
p. 13. Paris, 1649.

Dérivé d'*estrif,* dispute, discussion animée, querelle, etc.
Détriver, etc., *sortir d'estrif,* par conséquent cesser de quereller,
de s'emporter.

Je doute que ce mot soit en usage aujourd'hui, dans cette
partie de la population parisienne qui est restée le plus fidèle
aux formes populaires du dix-septième siècle.

DIABLE RETOURNÉ. Ange, ou plutôt démon bon, bienfaisant,
si de telles épithètes sont compatibles avec le mot démon (¹).

« Quoiqu'on vous qualifie de diables, ce nom vous est impropre, ou bien l'on vous devroit nommer *Diables retournez,*
parce qu'au lieu de conduire les hommes dans la voye de per-
dition, vous leur enseignez celle du salut par la patience que
vous leur faites exercer. »

(¹) Voyez CHAMPIGNON RETOURNÉ, et QUINZE-VINGT RETOURNÉ.

L'Apothichaire empoisonné, dans Les Maistres d'hôtel aux Halles, p. 316. 1671.

DIEU BÉNIT LA CHRÉTIENTÉ.

Se dit, selon le Dictionnaire de M. Littré, quand on compare un homme à un animal, pour atténuer ou pour reprocher ce qu'il y a de désobligeant en cela.

Il me semble qu'il faut lire *se reprocher*; car on ne saurait accorder ces deux choses : atténuer une injure que l'on fait à quelqu'un et la lui reprocher en même temps. Il y a là non-sens ou contradiction, très-vraisemblablement à la charge de l'imprimeur.

Je ne connais pas d'exemples de cette formule, qui justifient la définition de M. Littré, et il n'eût pas été inutile d'en produire un. Un très-grand nombre de dictions populaires, de proverbes et autres formules analogues, ne se comprennent clairement que par la place qu'ils occupent dans le discours, et par les circonstances qui les environnent. C'est surtout aux dictionnaires qui les relèvent et qui les définissent, à les mettre dans ce cadre indispensable, et sans lequel le lecteur ne peut juger de la convenance des définitions. Si donc M. Littré eût eu sous les yeux l'exemple que je vais citer, il eût peut-être changé sa définition, ou il l'eût donnée moins absolue.

« Le Chansilié, stila qui boutte les beignets su ces contras, la failli, sditi, belle; quer y fési passé son coche par dessu une barricadre. N'en criy haro su ly; fallu qui se cachi, *Dieu béni la Crétianté*, révérance, dans le privé, et que tous lé seigneux du Rouay le vinssien requéri tou bréneux » (1).

---

(1) « Le chancelier, celui qui applique les sceaux de cire sur les contrats, la faillit, dit-il, belle; car il fit passer son carrosse par-dessus une barricade. On cria haro sur lui; il fallut qu'il se cachât, Dieu bénisse la chrétienté, révérence parler, dans le privé, et que tous les seigneurs du roi le vinssent retirer tout breneux. »

Le chancelier Séguier se rendit au parlement à six heures du matin, pour y annoncer la mise en liberté de Broussel. Arrêté par une barricade, et le quai des Orfèvres lui étant fermé, il voulut passer par celui des Augustins, et escalada la barricade avec son carrosse. Mais de plus en plus pressé par la populace, il n'eut que le temps de se jeter dans l'hôtel d'O, habité alors par le duc de Luynes. Les portes en ayant été fermées aussitôt, le peuple les enfonça, se répandit dans les apparte-

Agréable Conférence de deux païsans de S. Ouen et de Montmorency sur les affaires du temps, p. 5. Paris, 1649.

On voit ici, par la manière dont cette formule est introduite dans le discours, qu'elle arrive au moment où l'on se dispose à dire une chose inconvenante d'un personnage respectable, et que toute comparaison de ce personnage avec un animal en est absente.

Il est certain toutefois qu'il y a quelque chose d'injurieux dans la remarque à laquelle il donne lieu, et que la formule en question est amenée là pour l'atténuer; aussi me borné-je à dire que la définition de M. Littré est trop restreinte, et qu'elle a besoin d'être étendue davantage.

DIX FRANCS. Deux sans le sou. *(Deux cents sous).*

« Quand vous serez mon mari... je serai vot' femme, et ça fra *dix francs.* »

Gilles, garçon-peintre, zamoureux et rival, par Poinsinet le jeune, sc. v. 1758.

Il est bien entendu qu'il a fallu deviner ce calembour, l'auteur n'ayant pas pris le soin de l'expliquer en note.

DIX-HUIT. Vêtement raccommodé ou remis à neuf. .

« Oh! dame, c'est un DIX-HUIT, c'tila, mais qu'importe? Tout sert en ménage. »

Le Paquet de mouchoirs, p. 50. 1750.

On appèle encore aujourd'hui *dix-huit*, en langage de savetier parisien, un soulier ressemelé, c'est-à-dire deux fois 9 (neuf). On transporte ici cette figure à un vêtement quelconque remis à neuf.

A ce propos, je dois dire que je me suis trompé dans mon interprétation première de ce terme (¹), ayant avancé que le

---

ments, et se donna le plaisir, selon son usage, d'en piller les meubles. Pendant ce temps-là, le chancelier s'était réfugié dans un bûcher où, fort heureusement pour lui, on ne s'avisa pas de le chercher. Et comme alors les « privés » étaient, dans presque toutes les maisons, et particulièrement dans les hôtels, relégués au fond des bûchers, on ne ment pas tout à fait quand on dit ici « qu'il se cacha dans le privé »; outre qu'il n'est pas impossible qu'il s'y soit caché en effet. C'était du moins la légende du temps, sinon l'histoire véritable.

(¹) Étude sur le langage populaire parisien, p. 306.

dix-huit, était au *trente-six*, habillement de cérémonie ou des dimanches, ce qu'un demi est à l'unité. Il est bien vrai qu'on dit populairement *être sur son trente-six*, par exagération de la forme plus commune *être sur son trente-et-un*; mais dans l'exemple ci-dessus, comme c'est un savetier qui parle, il est évident qu'il a dû tirer sa métaphore du langage de sa profession.

Puisqu'il m'arrive ici quelquefois de rectifier les erreurs des autres, il est de mon devoir de ne pas négliger les miennes.

Dogue! (La). Espèce d'exclamation ou de jurement dont je ne connais pas d'autre exemple.

« Morgué, tu m'offence; je larais puto ma roupye en presse que te laissé poigé à mon carquié. *La dogue?* tu ne me connais pas. Quand je n'airais qu'un tournas, faut qu'y dance. » (¹).

Nouvelle et suitte de la Cinquiesme partie de l'Agréable conférence de Piarot et Janin... sur les affaires du temps, par le
mesme autheur des précédentes parties, p. 8. Paris, 1651.

Ce qu'il y a de plus remarqnable dans ce mot, c'est que le genre en est changé. Cependant, on disait *dogue* pour chienne au XVᵉ siècle, témoin ce passage de Roger de Collerye, cité dans le Dictionnaire de Lacurne, p. 149, et reproduit par M. Littré :

En un matin, en m'esbatant,
A une fille qui a vogue,
Survint une grant vieille *dogue* (²)
De laquelle ne fuz content.

Dormir comme une soupe ou comme une pierre.

« Enfin, tant y a, le pauvre défunt ne laissoit rien de repos, quand il s'en venoit chez nous. Notre grande Catin *dormoit comme une soupe*; j'avais beau la réveiller, ça vous *dormoit comme une pierre*. »

Les Ecosseuses, p. 47. 1739.

Soupe est une méprise; c'est *souche* qu'il fallait dire, comme étant plus conforme au dicton et à la vraisemblance. Le lan-

---

(¹) Morgué, tu m'offenses ; je laisscrais plutôt ma roupille en gage que de te laisser payer en mon quartier. La dogue! tu ne me connais pas. Quand je n'aurais qu'un tournois, il faut qu'il danse.

(²) Ce mot signifie sans doute une entremetteuse.

gage populaire de Paris est plein de ces méprises occasionnées par des analogies de sons, plus ou moins exactes. En voici encore une du même genre :

Dos ET VENTRE. Lods et ventes.

« Il y a une terre qui a des droits de *dos et ventre.* »

Le Déjeuner de la Rapée, p. 19. 1755.

Quant à *dos et ventre*, c'est une expression familière que je trouve employée avec deux sens fort différent, l'un qui signifie « sur toute la surface du corps », l'autre « à cœur joie, avec excès. »

Scarron offre un exemple de la première signification, Jouin de la seconde.

> S'il faut, dis-je, que ce volage
> Attrape enfin quelque rivage,
> Que ce ne soit pas sans danger...
> Qu'un peuple qui le pousse à bout,
> Et qui *dos et ventre*, et partout
> Le batte, et toute sa cohorte.

Virgile travesti, ch. IV, dans les imprécations de Didon contre Enée.

> Après ce premier pas sauté,
> Chacun tirit de son côté.
> De l'étang on lâchit la bonde ;
> L'on ne voyit plus dans le monde
> D'honneurs rendus qu'à nos démons :
> Dans leux livres, dans leux sarmons,
> Et *dos et ventre* ils s'en donnirent,
> Et biantôt contagionirent
> Peuples, princes, prêtres, prélats.

Harangue des habitants de Sarcelles au Roi, dans Pièces et Anecdotes, etc. Ire partie, p. 440. 1733.

C'est là le sens exact de cette locution, et Scarron ne lui a donné une entorse que parce que son vers et son idée s'en accommodaient.

EFFLORER. Au propre, effleurer, ôter les fleurs, en langage de jardinier; au figuré, porter atteinte à l'honneur, à la réputation, comme dans le passage qui suit :

« C'était être bien damné que d'*efflorer* comme ça, en bonne compagnie, la fleur des filles qu'on alloit épouser. »

> Les Ecosseuses, p. 24, 1739.

EGALISER. Se comparer à, être égal à.

« Je veux garder tous mes yeux pour te répéter tous les jours de la journée que rien ne peut z'*égaliser* la passion de l'amour que j'ai pour toi. »

> Ah! que voilà qui est beau! parade (par Sallé). Sc. III, dans le Théâtre des boulevards, T. I, p. 280. 1756.

ELÉPHANT (Trancher de l'). Se donner des airs de grand personnage.

> Il estoit encor jeune enfant
> Qu'il *tranchoit de son éléfant.*

> Paraphrase sur le bref de sa sainteté envoyé à la Reyne régente, p. 4. Paris, 1649.

EMBARGO. Embrouillamini, obscurité.

« Mais queul *embargo* donc! Je m'y perds. »

> Les Cent écus, com. par Guillemain, sc. XVIII. 1783.

Aujourd'hui, ce même mot a le sens d'embarras, ou difficulté de ne savoir que faire.

> Mais sapristi, jugez d'mon *embargo*,
> Depuis ce temps elle est toujours pompette.
> Et chez l' mintzingue (¹) ell' croque le magot.

> Almanach chantant pour 1869, p. 49. Paris, chez Noblet, in-18.

EMBLÊME. Courte harangue ou allocution ayant pour objet de conseiller, de protester, de faire des remontrances.

« Dam, tan que la ni fu longue, je ne cloi pas l'ieu; je ne fesas que ruminé à par mouay la belle *emblesme!* que je devas faize au Rouay... Mai pourtan, afin de n'être pas pris sans var, je m'avisi d'arté nout charette; je dévali aveu nout fieux Jaques, et ly di: Jaques, pran que tu sas le Rouai, je m'en va te faire m'n' *emblesme* » (²).

(¹) Marchand de vin.

(²) Dame tant que la nuit fut longue, je ne fermai pas l'œil; je ne fesais que ruminer à part moi la belle emblême que je devais faire au roi.., Mais pourtant, afin de n'être pas pris sans verts, je m'avisai d'arrêter notre charrette; je descendis avec notre fils Jaques, et lui dis: Jaques. suppose que tu es le roi, je m'en vas te faire mon *emblême.*

Cinquiesme partie et Conclusion de l'Agréable conférence de deux païsans de S. Ouen et de Montmorency, p. 6 et 7. Paris, 1649.

« Vlà ceux qui sont de ses amis, qui sont bian venus à manger de sa soupe et à jouer au petit palet aveuc li. Si j'alliemmes li faire un *emblême* sus tout ça, et sus bian d'autres fredennes que je savons de li, et que le cousin Barnard nous a mandées, comme guiantre il bougonneroit apras nous ! »

Première Harange des habitans de Sarcelles à Monseigneur l'archevêque de Sens, dans l'Épître dédicatoire aux évêques. Mai 1740. Dans Pièces et Anecdotes, etc. 1re partie, p. 283.

Ce mot n'a pas péri dans le langage populaire parisien; mais sa signification s'est modifiée. On entend par là un conte, un faux prétexte, une mauvaise raison.

« Théodore me répond : J'suis malade. — Des *emblêmes!* »

Almanach de la langue verte pour 1868, à l'usage des bons zigues, p. 48. Paris, à la librairie du Petit Journal.

EMPATROUILLER. Charger, investir, peut-être : embarrasser, empêtrer.

« Puisque notre Bailly (¹) t'a *empatrouillé* de sa confiance, il faut que tu sois un honnête homme. »

Journal de la Rapée ou de Ça ira, N° 11, p. 4. 1790.

EMPORTE-PIÈCE. Sabre.

« Gage pinte que note Jean Claude en a itou pincé queuques uns des Anglois. C'est qu' c'est un diabe. N'y a pas à dire avec ly; jarny million, y vous a putôt tiré son *emporte-pièce* qu'on n'a r'gardé par où. »

Dialogue de deux poissardes sur la prise du fort Saint-Philippe, p. 2. Paris, 1756.

ENCHAVELER. Enchevêtrer; au figuré : embrouiller.

« Ce diébe de mot t'*enchavéle* la caboche. »

Conférence de Janot et Piarot Doucet de Villenoce et de Jaco Paquet de Pantin, sur les merveilles qu'il a veu dans l'entrée de la Reyne, ensemble comme Janot lui raconte ce qu'il a veu au Te Deum et au feu d'artifice, p. 5. 1660.

C'est le même qu'*enchevaller* qui est dans Cotgrave, et qui se disait d'un cheval dont les pieds étaient liés, embarrassés dans des entraves, *taped*, de manière à lui ôter tout mouvement.

(¹) Le maire de Paris.

Ici l'*e* a changé de place avec l'*a*, et réciproquement. Remarquez de plus que, par une sorte d'hypallage, le sens du mot est aussi transposé, et que ce mot devient, après cette transposition, une métaphore. C'est la tête qui est censée souffrir des entraves destinées aux pieds.

M. Littré ne donne pas ce verbe, mais il donne le mot *enchevalement*, qui en dérive, et par lequel on désigne l'étayement en sous-œuvre (ou par le pied) d'une maison, pour y faire des reprises.

Voyez au mot *Ordre de maître Jean Guillaume*. un autre exemple de ce terme qui est écrit *encheveller* et qui est dit de l'action produite par la corde de la potence autour du cou d'un pendu.

ENDOSSE. Au propre : toute la peine, toute la charge, toute la responsabilité de quelque chose; au figuré et en style des halles, le dos.

> Qui, toy? Quoy donc, tu me batras?
> Si je sors d'icy, tu verras
> Comment je cogneray ta bosse :
> Je te bailleray sur l'*endosse*.

Paris burlesque, par Berthod, au titre *Compliment des harangères*. 1665.

Ce mot se dit encore aujourd'hui, soit qu'on charge le dos de quelqu'un à coups de poing, soit qu'on fasse pleuvoir sur lui des coups de bâton.

ENVERS (A l'). A l'égard de, envers, pour, à.

« Ça fait de si braves gens qu'on ne peut s'empêcher de s'intéresser *à l'envers* de leur endroit. »

L'Impromptu des Harengères, opéra-com. divertissant, à l'occasion de la naissance de Mgr le duc de Berry, sc. I. 1754.

« Faut que j'aye le cœur bien sensible *à l'envers* de vote fille ! »

Le Faux talisman, com. par Guillemain, sc. VII. 1782.

Comme on disait, et dans le même sens, *à l'endroit de* pour *endroit de*, lequel se disait primitivement *endroit*, *endreit* ou *endret* avec le régime direct, le peuple a dit, par analogie, *à l'envers de* pour *envers*. Du XIᵉ au XIIIᵉ siècle, la préposition *endroit* est suivie du régime direct; du XIIIᵉ au XVIᵉ, elle se présente avec le régime indirect; au XVIᵉ, elle se transforme en la locution prépositionnelle *à l'endroit de*, et la conserve jusqu'ici. Les Picards seuls se servent de la préposition *envers* dans le sens *d'endroit*, et disent à *m'n'endreit*, pour à mon égard.

ENVIRON. A peu près ; un peu plus, un peu moins.

Cette signification est toute naturelle, puisque, par exemple, dix ans environ, environ neuf heures, mille francs environ, n'expriment qu'une quantité approximative, ou plus ou moins.

Mais où *environ* signifie autre chose, c'est quand il est suivi d'un adjectif ayant une valeur non pas numérative, mais purement morale. C'est ainsi en effet qu'il est employé très-souvent dans le langage du peuple de Paris, et en particulier dans l'exemple suivant :

> Les uns faisont qu'un mariage
> N'est qu'un vilain concubainage...
> Mais, par la vartu d'un oignon !
> Ils sont mariés *environ*
> Comme l'est l'évêque de Chartres
> Aveuc l'abbesse de Montmartres.

Deuxième Harangue des habitants de Sarcelles à Mgr l'archevêque de Sens ; mai 1740 ; dans Pièces et Anecdotes, etc., Iʳᵉ partie, p. 354.

C'est-à-dire : ils ne sont pas mariés du tout.

ESCAILLEUX DE NOIX. Qui est lent à faire une chose, à prendre un parti, à venir à l'appel.

> Où estez-vous, tous mes folz affolez,
> Sortez trestous et me venez voix.
> Et qu'esse-cy ? N'oyez-vous point ma voix ?
> Depeschez-vous ; bientost cy avollez...
> Et Dieu, quelz *escailleux de noix !*
> Que venez cy de tous cottez,
> Ou, par la foy que je vous doys,
> D'une grosse pelle de boys
> Vos trouz de c. seront sellez.

Farce nouvelle très-bonne de Folle Bobance à quatre personnaiges ; dans l'Ancien Théâtre français, T. II, p. 265. Ed. Janet.

Ainsi parle Folle Bobance ou Bombance, en s'adressant à trois fous de ses suppôts, un gentilhomme, un marchand et un laboureur. Comme au lieu d'accourir aussitôt à sa voix, ils hésitent un moment et s'amusent même à épiloguer ses paroles, elle les traite d'*écailleux de noix*, terme qui est encore usité à Paris, c'est-à-dire de gens qui perdent leur temps, ou qui ne savent pas l'employer comme il faut. C'est donc à tort que dans le Glossaire formant le dernier volume de l'*Ancien Théâtre français*, édition Janet, cette locution est traduite par fanfaron. On ne voit pas en effet par quel côté un écailleur de noix pourrait l'être.

L'écaillage des noix, surtout s'il s'agit de ces grosses noix lombardes qui, dans Rabelais, sont appelées noix grollières, est une opération lente et qui, vu les nombreux coups de couteaux qu'elle requiert pour être menée à bonne fin, demande plus de temps qu'on ne le croirait d'abord. Elle est de plus ridicule si, entrant dans les sentiments qui font parler Folle Bobance, on se représente les trois personnages qu'elle interpelle comme étant peu propres à faire quelque chose de plus relevé. Tout concourt donc ici pour justifier mon interprétation, et démontre l'erreur de celle du Glossaire.

Esponce. Voyez Faire esponce.

Estourouiller (S'). Se goberger, se pavaner.

> Si je suis à la promenade
> A m'*estourouiller* au soleil,
> Soudain mon cœur bat la chamade,
> Et fait un tic-tac sans pareil.

Complainte de Jeannot à sa chère z'amante mamzelle Javote; dans Riche-en-gueule, p. 198. 1821.

C'est le mot se *rouiller*, ancienne forme de se *rouler*, avec le préfixe *estor* ou *estour*, venant sans doute du latin *instaurare*, et impliquant une idée de réparation ou de réfection corporelle.

Eustache. Petit couteau grossier.

L'eustache est un petit couteau à lame mobile, mais sans ressort, aussi peu propre à l'attaque qu'à la défense, mais qui coupe, sans que le fil en soit le moins du monde émoussé, le fromage, le beurre et même la mie de pain. Ceux qui sont d'une qualité supérieure peuvent encore servir à peler une pomme; mais alors, vaincu par l'acide, ils ne peuvent pénétrer au-delà de la pelure, et ils laissent à nos dents l'honneur d'entamer le fruit.

De temps immémorial on en fabrique à Saint-Claude (d'où

leur appellation de *couteaux de Saint-Claude*), à Thiers, et dans quelques villages voisins de Condé-sur-Noireau, particulièrement à Saint-Germain-du-Crioult. Condé lui-même était autrefois réputé pour sa coutellerie ; d'où le dicton normand : « Il est comme les couteaux de Condé, bon (d'autres disent usé) jusqu'au dos. » On prisait fort ses *eustaches* à deux sous. Mais cette industrie a fait place à d'autres plus importantes, et s'est réfugiée, comme je l'ai dit, dans les communes, à deux ou trois lieues à la ronde. A Thiers, on emploie les vieilles faux à ce genre de fabrication ; mais ces enfants dégénérés du plus tranchant des outils, ne se ressentent pas du tout de leur fière origine. Le manche en est communément en buis de forme ronde, avec des enjolivures vertes, jaunes ou rouges, qui serpentent à l'entour ; quelquefois il est en bois noirci. Bref, c'est en tout la modestie et la simplicité mêmes. Il était sans doute de cette espèce, le couteau de Janot, qui, au bout de vingt ans d'usage, était encore le même qu'au premier jour. Il est vrai que Janot en avait changé autant de fois le manche et la lame alternativement ; mais c'est un détail, et il n'y faut pas faire attention.

Nous connaissons l'origine du couteau ; il reste à chercher l'origine de son nom. J'ai lu quelque part que ce nom lui vient de l'inventeur. Je ne connais personne de ce nom, si ce n'est l'anatomiste qui a donné le sien à cette membrane de l'oreille appelée la *trompe d'Eustache ;* mais il est peu probable qu'il soit l'inventeur en question. Aurait-on entendu désigner Saint Eustache ? mais les Bollandistes ne disent rien de cette circonstance.

Ceux qui ont vu des *eustaches*, et ceux qui en ont fait usage, ont dû remarquer la parfaite ressemblance qui existe entre le manche de ce petit instrument et un poteau. J'entends par poteau un pieu ou étançon surmonté quelquefois d'un fer de lance, et qui servait à soutenir les toiles des tentes ou pavillons où les chefs d'armée s'abritaient dans les campements. On appelait ce pieu *estache*, et il y en avait plus ou moins selon la grandeur de l'abri :

« Je alai au roy, dit Joinville dans la vie de Saint Louis, la ou il se seoit en un paveillon, apuié a l'*estache* du paveillon. »

Ces pieux étaient ornés de bandes d'étoffe ou simplement peints à crû, de couleurs variées et alternées, s'enroulant

autour d'eux de la même manière que les enjolivures du manche de l'*eustache*, dont je parlais tout-à-l'heure. On voit encore
des pieux de ce genre en maints pays, où les poteaux servant
à marquer les limites des territoires ou des états, sont ainsi
bariolés, soit pour frapper davantage les regards, soit pour
arborer les couleurs de l'état ou de la localité auxquels ils
appartiennent, soit pour tout autre motif. Ces poteaux ou
estaches ne seraient-ils pas les parrains de nos petits couteaux?

ÉVÊQUE EN CHEVILLE. Évêque qui laisse faire le plus dur
de la besogne à ses inférieurs hiérarchiques, dans le gouver-
nement de son diocèse.

> Guieu grâce et la Viarge Marie,
> Vous vlà pour toute votre vie
> Assez honnêtement pourvu (¹)...
> Annui vous pourriais à votre aise
> Apprendre comme un Guiocèse
> Deit, selon Guieu, se gouvarner.
> Mais vaut bian mieux vous calaîner (²),
> Laissez faire un certain bélître (³)
> Qu'a quitté son froc pour la mître,
> Et la mître, pour parvenir
> Core plus haut à l'avenir...
> Non da, vous n'êtes sous ce drille
> Que des *évèques en cheville*
> Tirez trop à guiard ou huriau?
> Vite an vous sarre le cordiau ;
> Vite an vous happe par la bride,
> L'an vous ratorne, et l'an vous guide
> Au guiable au vard.

Harangue des Habitants de Sarcelles à Mgr l'archevêque de
Paris; 5 avril 1748; dans Pièces et Anecdotes, IIᵉ partie, p. 12.

(¹) On s'adresse ici à M. de Beaumont, un des plus respectables arche-
vêques de Paris.

(²) Goberger.

(³) Le Père Boyer, ancien évêque de Mirepoix, et alors inspecteur-
général des archevéchés, évéchés, paroisses, abbayes, cures, chapitres, etc., etc.

On appèle *cheval en cheville*, celui qu'on attèle devant le
limonnier, et qui en effet est le plus tiraillé, le plus harcelé,
le plus fatigué par le conducteur de la charrette. Ainsi,
Jouin, l'auteur de cette harangue, comparait, avec son irré-
vérence habituelle, les évêques à ce cheval, parce que le père
Boyer se substituait à eux en quelque sorte dans l'adminis-
tration de leurs diocèses, disposait à son gré des charges
ecclésiastiques et des bénéfices qui étaient à leur nomination
ou à leur choix, et néanmoins les laissait responsables de tout
le mal qui pouvait résulter de cette violente intrusion.

Façon (Emporter). Interrompre quelqu'un dans un discours,
dans un acte quelconque ; l'empêcher de le continuer et de
le finir.

Je ne suis pas très-sûr de donner ici le sens exact de cette
singulière locution ; il est donc indispensable d'en appeler
au jugement du lecteur lui-même, et pour cela d'allonger et
d'élucider la citation.

Dame Barbe et dame Denise, deux marchandes de marée
de la place Maubert, pendant le blocus de Paris, s'entretiennent, les pieds sur leurs chaudronnets, des affaires du temps.
Pendant qu'elles jouent de la langue, leurs maris montent la
garde dans le quartier. Au moment où dame Denise en fait la
remarque à sa commère, et que, lui parlant de son mari,
elle dit en style assez gaillard,

> Qu'il le resjouit quelquefois...
> Qu'enfin c'est la piéce de beu,
> Mais qu'un autre lui jou' plus beau jeu,

le mari apparaît tout à coup dans le lointain, et hèle sa femme
qui s'écrie :

> Vray Guieu, le voilà qui m'appelle !
> Ma foy, j'ai peur qui ne me crelle.
> J'ay demeuré par trop longtant,
> Je m'en va tout incontinant.
> Il me fait saigne de la teste.

Mais au lieu de partir comme elle le dit, elle se laisse arrêter par une interpellation que lui adresse sa commère, au

sujet d'un mot anglais dont la prononciation l'a choquée. Dame
Denise donne l'explication de ce mot, et profite de la circonstance pour entamer l'histoire du jugement et de l'exécution
du roi d'Angleterre, Charles Ier. Ce récit achevé, elle ajoute :

Eh bien, qu'an dis-tu, ma commère ?

Dame BARBE.

Ma foy, la chose est biau amère.
Quand je prends mon cœur par autruy,
Une femme à bien de l'annuy.
Je vous laisse à pancer la peine
Que souffre cette pauvre royne ; ([1])
Je m'en sens le cœur tout contry.
N'apercoy-je pas ton mary ?

Dame DENISE.

Ouy, ma foy; faut que je m'en aille.
C'est assez parlé de bataille ;
Le diantre soit le batayon !
J'ay peur que dessus mon taignon
L'on ne face quelque défaitte.
Nous dirons dans huict jours le reste,
Mon mary m'*emporte façon*.
Adieu don, commère, adieu don.

La Gazette de la Place Maubert, ou suitte de la Gazette des
Halles touchant les affaires du temps, p. 10-12. 1649.

D'où il suit que l'interruption de ce dialogue et sa remise à
huitaine sont motivées par le retour subit du mari, lequel en
emporte le fond et la *façon*.

FAIRE ESPONCE. Faire abandon, quitter.
Cette locution est communément suivie d'un régime. Cependant, dans l'exemple qui suit, elle est dite absolument pour
partir, s'esquiver, déguerpir.

Mais tout soubdain le galland *fist esponce*,
Et s'en alla, sans faire long adieu,
Avecque argent qu'heust par son plaisant jeu.

([1]) La reine veuve de Charles Ier.

La Légende de Maistre Pierre Faifeu, chap. XVIII. 1532 ou 1723.

Je ne relève cette expression que pour signaler l'erreur dans laquelle, si je ne me trompe moi-même, est tombé dom Carpentier à son sujet. Les Bénédictins, dans leurs additions au Glossaire de Du Cange (¹), donnent le mot *Expondere*, et ajoutent *pro spondere*, c'est-à-dire, *pour promettre*. A la suite de ce mot, dont Carpentier donne *Faire esponse*, et ajoute *eodem sensu*. Il cite à l'appui cet exemple tiré d'un censier de la terre d'Estilly de l'an 1430 environ :

« Aucun des farescheurs de ladite faresche ne pourront *faire esponse* des choses obligées à la faresche, s'ilz ne *font esponce* toute la faresche. »

D'après dom Carpentier, les farescheurs ne pourront s'engager pour une partie, s'ils ne s'engagent aussi pour le tout, tandis qu'on veut dire au contraire qu'ils ne pourront se dégager de cette même partie ou l'abandonner, s'ils ne font de même à l'égard de la totalité.

Esponse ne viendrait pas alors de *sponsio*, mais d'*expositio* pris au sens de *depositio*, comme *exponere* était dit lui-même pour *deponere*. Ainsi, Nonnius Marcellus dit, liv. IV, *exponere, deponere*. Dans Arnobe il y a : *nomen virginitatis exponere*, et dans les Fragments de Saint-Hilaire : *Exponere episcopos*. Voyez Du Cange, éd. Didot, au mot *Exponere*.

FAMILIER COMME L'ÉPÉE DE CIZRON.

Il n'y a pas de honte à avouer que j'ai eu quelque peine à deviner cet étrange amphigouri ; il n'y a pas non plus de quoi s'en vanter. Mais l'ayant vu revenir dans quelques livrets populaires du dernier siècle, j'ai dû croire que, sous ce jargon, il y avait une signification quelconque, et la voici : *Familier comme les Epitres de Cicéron*, c'est-à-dire celles qui sont dites *Familières*.

« Finissez donc, monsieur Tuyau, vous êtes *familier comme l'épée de Cizron*. »

L'Amant de retour, par Guillemain, sc. II ; 1782.

La comparaison n'est sans doute pas plus juste, pour être rendue dans les termes qui lui appartiennent ; on y voit pour-

(¹) V° *Expondere* de l'édition Didot.

tant que le peuple seul ne créait pas les locutions populaires,
et que les lettrés lui prêtaient parfois leur collaboration.

FESSE TONDUE (Avoir la). Savoir plus d'un tour, avoir
l'adresse, l'habileté et la souplesse de conscience d'un roué.
Se dit principalement d'un galant, d'un séducteur.

« Le grand Cornichon en savoit plus d'une nichée. C'étoit
un dru qu'avoit la *fesse tondue*, beau diseur, ayant la parole
en bouche; il ne donna point de relâche à sa mie qu'il ne
lui eût replâtré son méfait. »

> Les Écosseuses, p. 26. 1739.

« C'est un galant; il a la *fesse tondue*. »

> La Comédie des Proverbes, Act. III, sc. VII. 1633.

La grosse fesse! exclamation, pour dire la grosse bête!

Le diable soit la *grosse fesse!*

> Suitte de la Gazette de la Place Maubert, par l'autheur de la
> Gazette des Halles, p. 8. 1649.

FIGURE D'ACCIDENT. Figure triste, effarée et rendue telle
comme à la nouvelle de quelque fâcheux accident.

« Mais pour vous, monsieur le débaucheux, avec votre *figure
d'accident*, et votre tête à croquignolles, etc. »

> Les Sept en font deux, coméd. par Guillemain, sc. VII. 1786.

FIGURE A TABOURET. Figure d'exposé ou de qui doit être
exposé au carcan.

« Va donc, *figure à tabouret*, j't'irons voir en face le Palais;
c'est là qu' t'auras l'air d'un butor, monsieur l'négociant z'en
chiens morts. »

> Riche-en-gueule, p. 68. 1821.

FILASSE (Désespoir de). Corde de potence.

Vous verrez ça. Te souviens-tu, Manon,
D'avoir vu danser dans c'te place,
C'te gueuse à qui Charlot (¹) avoit mis sous l' menton
Un grand *désespoir de filasse?*

> Vadé. Bouquets poissards, IIIe bouquet. 1755.

FILASSE (Indigestion de). Mort de pendu.

(¹) Le bourreau.

Mon père à moi c'était Paillasse,
Le même un jour qui trépassa
D'une *indigestion d'filasse.*

Le Rigolo, Almanach chantant pour 1868, p. 6. Paris, Al. Duchesne.

FILASSE (Étouffé dans la). Pendu.

« Ton père a été *étouffé dans la filasse*; il est mort en l'air avec un bonnet de nuit de cheval au cou. » ([1]).

Le Déjeuné de la Râpée, p. 22. 1755.

FLEURER. Flairer.

« De vot' temps on n'a fait qu' *fleurer* la chose; mais moi j'ai tout sentu. »

Rousselliana, ou recueil de tous les bons mots, vers, calembourgs, etc., de Cadet Roussel, p. 37. Paris, s. d.

FOIRE D'EMPOIGNE (Être de la). Être porté aux attouchements grossiers à l'égard des femmes.

Pour nous je n' somm' jamais en grogne
Contre un chaland d' la *foir' d'empogne;*
A cause que par c' qu'on a de bien
Faut-il qu'aux autr' on n' prête rien?

Les Porcherons, chant VII, p. 197, dans les Amusemens rapsodi-poètiques. 1773.

FOUTINER. S'amuser à des bagatelles, perdre son temps en des choses de néant.

Telle est la signification moderne de ce parisianisme emprunté au patois normand, lequel dit aussi *fouatiner.* C'est un verbe neutre. Au XVIe siècle, il était actif, et il paraît avoir signifié battre, rosser. Ainsi :

Le margout ([2]), quand je suis retourné,
Estoit muché en quelque lieu.
Ne le sçavois-je, vertu Dieu !
Je vous eusse bien *foutiné,*
Par Dieu, et fust-ce un domine ([3]).

Farce nouvelle de Frère Guillebert, à quatre personnages; dans l'Ancien Théâtre françois, T. I, p. 323.

([1]) Voyez ci-devant BONNET DE NUIT DE CHEVAL.
([2]) Ribaut.
([3]) Un moine, un ecclésiastique.

FOUTINETTE. Fille de mauvaise vie.

« Mais i n'convient pas à des *foutinettes* comme ça de v'nir insulter une honnête femme comme moi. »

Grande Colère de la Mère Duchesne et IIe Dialogue, p. 5.
S. L. u. D. (1792.)

Ce mot est naturellement engendré de l'autre, les occupations frivoles étant une variété de l'oisiveté, et l'oisiveté mère de tous les vices.

FOUTRIQUET. Personnage remuant, intrigant et de taille disproportionnée à l'audace de ses entreprises.

« Un *foutriquet* comme ça n'est pas fait pour faire un grand Pénitencier. »

Grand Jugement de la Mère Duchesne et Nouveau Dialogue,
p. 14. S. D. (1792.)

Cette appellation était tombée en désuétude, lorsqu'elle fut remise en honneur et reçut une vogue extraordinaire, sous le ministère du 11 octobre 1832, où Casimir Périer était président du conseil, et le maréchal Soult ministre de la guerre.

On lit dans le *Charivari* du 25 août 1842 ce couplet à l'adresse d'un personnage politique dont j'ignore le nom.

Au nom de la patrie,
Le petit Foutriquet
Sera fait
Duc et ministre à vie.
Avec dotation
D'un million.
— Tra de ri de ra.
Qui vivra verra ;
En attendant cela.
Sous le Pont-Neuf (bis) bien de l'eau coulera.

FUITIF. Fugitif ou fuyard.

Ce parisianisme très-commun parmi les enfants indisiplinés et vagabonds, et dont je n'ai pas d'exemple moderne sous la main, a appartenu jadis au langage de la tragédie.

Il faut que mon courroux
Retenant et *fuitif* désor se désaigrisse.

Didon, tragédie. par Jodelle. Act. II, au commencement.
Vers 1552.

GALAMINER (Se). Se dorlotter, se goberger, faire le fainéant.

> Quand au lit je me *galamine,*
> Le sommeil s'éloigne de moi,
> Et toujours sa peste de mine (¹)
> Met tous mes sens en désarroi.

Riche-en-gueule, complainte de Jannot et de sa chère z'amante, p. 198. 1821.

Le radical de ce mot est certainement le vieux français *gale*, joie, réjouissance, divertissement, etc. On trouve *Gallart* rendu par fainéant dans la *Chrestomathie* de l'ancien français, de Bartsch, au Glossaire. De là peut-être se *galarminer*, puis *galaminer*. Je ne puis rendre raison du suffixe *miner*.

GAMBILLEUR. Au propre, danseur. *Gambilleur de tourtouse,* en argot, danseur de corde. Au figuré, le bourreau, parce qu'il agitait ses jambes, lorsqu'il s'asseyait ou s'agenouillait sur les épaules du pendu (²).

> L'même *gambilleux* qui t'a manqué
> Sus l'épaul' gauch' t'a ben marqué

Riche-en-gueule, p. 18. 1821.

C'est le nom du pendu transporté au pendeur ; car *gambiller* se disait proprement de l'agitation des jambes de celui-là, dans le moment où la corde lui serrait la gorge.

> De Bachamont la jeune enfance
> Le doit sauver de cette loy
> De *gambiller* sous la potence.

Les Merveilles de la Fronde du grand Hercules de Paris, p. 5. 1649.

On dit aussi *gambille* pour jambe.

(¹) La mine de son amante.
(²)
> Mon pauvre maistre Jean Guillaume.
> Pèse plus fort, contente nous.
> Fais si bien avec les genoux.
> Que les carabins de S. Cosme
> Escorchent viste au gré de tous
> L'escorcheur de ce grand royaume.

Le Ministre d'Estat flambé. p. 16. Paris, 1640.

« Je ne sais si c'est votre *gambille* qui l'arrête (¹), mais elle
ne veut point de vous pour gendre. »

> La Mère rivale, parade, sc. 1; dans le Théâtre des Boule-
> vards, T. III, p. 143. 1773.

GANSE ou GANCE. En argot : clique, selon M. Francisque
Michel.

Des cinq exemples que je vais citer et où ce mot est employé, il n'y en a pas un seul où il ait la signification qu'il a
en argot. Il faut donc que le peuple, en l'adoptant, lui ait
donné un autre sens, ou qu'il soit tout simplement d'origine
populaire et argotique.

Mais, même dans cette condition, ce n'est pas d'une seule
manière qu'il convient de l'entendre, mais de plusieurs. Qu'on
en juge.

1° « Ces lurons de la *ganse* vont nous régaler de coco. »

> Amusements à la Grecque, p. 18. 1764.

2°   Veux-tu bien te taire,
          Gueule de chien ; v'là l'commissaire.
          — Ça? tu gouayes ; c'est un abbé.
          Pargué, le vlà ben tumbé,
          S'il vient pour nous ficher la *gance*.

> Vadé. La Pipe cassée, chant III.

3°   Auprès de tant de valeureux
          Qu'estoient les sept braves ou preux
          Qui devant Thèbes d'importance
          Se fichèrent, dit-on, la *gance*.

> Les Porcherons', chant IV ; dans Amusemens rapsodi-poétiques,
> p. 158. 1773.

4° « J'voudrions qu'on payît pu... une paire de souliers neufs
qu'un r'montage. Dame, ça nous fiche la *gance*, et j'sons escan-
dalisés d'voir manger au même ratelier d'forts chevaux avec
des rosses. »

> Le Paquet de mouchoirs, p. 27. 1750.

5°   A la bonne heure pour la France,
          A la bonne heure aussi pour nous.

---

¹) Il est boiteux.

Pourveu que messieux les filous
Ne nous lanternent pas la *gance*.

La Chronique scandaleuse ou Paris ridicule, par Claude Le
Petit, au chapitre intitulé : La Halle. 1655.

On peut ramener, je pense, à une seule et même signification le mot *gance*, dans les trois premiers exemples.

Dans le troisième, *se ficher la gance* veut dire évidemment
se battre, puisqu'on exprime par là l'espèce de duel où les deux
fils d'Œdipe, se disputant la royauté, s'entre-tuèrent sous les
murs de Thèbes.

Dans le second, il s'agit de deux poissardes qui assistent
à une vente aux enchères de vieilles hardes. Arrive un abbé.
S'il vient là, dit l'une des deux commères, pour nous disputer
ces loques, le voilà bien tombé ! Aussi, l'une et l'autre se
mettent-elles à le harpigner d'importance, parce qu'il a mis
une surenchère de dix-huit deniers sur un jupon d'étamine
noire.

Dans le premier, un *luron de la gance* m'a tout l'air de signifier un homme résolu, un querelleur, toujours prêt à tenir
tête au premier venu, et à le lui disputer en tout.

Quant au quatrième, que peut vouloir dire *ça nous fiche la
gance*, sinon ça nous ennuie, ça nous vexe, ça nous est insup-
portable ?

Il est plus difficile de donner le sens exact de *lanterner la
gance*, dans le cinquième exemple, quoique, vu les circonstances qui ont motivé cette locution, elle semble signifier couper
la bourse. Passe encore pour la bourse indiquée par les cordons de ganse qui la soutenait ; mais quel rapport peut-il y
avoir entre *lanterner* et couper ? J'ai beau chercher, je n'en
trouve aucun. *Lanterner* veut donc dire autre chose. Ne vien-
drait-il pas de *lanterna*, œil, en langue fourbesque ou argot
italien, et l'auteur n'indiquerait-il pas qu'il faut prendre garde,
aux halles, de laisser *voir* sa bourse, de peur que les filoux
n'en coupent les cordons et ne l'enlèvent ? Si cette conjecture
n'est pas vraie, elle est au moins vraisemblable.

On verrait peut-être un peu plus clair dans ces différentes
acceptions, si l'on pouvait savoir l'étymologie du mot *gance*,
mais j'avoue qu'il ne m'a pas été possible de la trouver. Je crois
seulement avoir démontré qu'en aucun des exemples allégués
ci-dessus, gance ne veut dire clique, ainsi qu'en argot.

GARMENTER (Se). Se donner le souci, prendre la peine, s'inquiéter de, et aussi, se plaindre de.

> Palsanguié, l'âme devianra,
> Disont-ils, ce qu'alle pourra;
> C'est dont ils se *garmentont* guère.

> Troisième Harangue des Habitants de Sarcelles à Mgr l'Archevêque de Paris; mai 1732; dans Pièces et Anecdotes, Ire pie p. 108.

Cette expression est du XIVe siècle, et lui a survécu dans toutes ses acceptions, jusqu'au commencement du XVIIIe. Voy. Du Cange, éd. Didot, au mot *Querimoniare*.

GASON. Coup.

> Mais sentant que peu circonspect
> On va lui perdre le respect...
> Qu'enfin à sa péroraison
> On riposte par un *gason*,
> Et que les femmes en furie
> En veulent à sa friperie...
> Il quitte adroitement la place.

> Les Porcherons, chant IV; dans les Amusemens rapsodipoétiques, p. 170. 1773.

> Si j'ons fiché queuques *gasons*,
> J'en ont aussi reçu de bons.
> Chacun n'a qu'à licher sa plaie.

> Ibid. Chant IV, p. 176.

GASSOUILLER. Voyez GOUSPILLER.

GERMANUS. *In manus.*

« Si quelques mille sacré bougres veniont pour nous cracher sus notre amorce et nous souffler sus notre mèche, foutons-ly son *germanus*. »

> Journal de la Rapée, No VI, p. 2. 1790.

Le journaliste a voulu dire son *in manus*, premiers mots de la prière *In manus tuas, Domine, commendo spiritum meum,* que le prêtre invite le mourant à réciter, comme aussi l'assassin sa victime ([1]).

([1])
> Il peut bien dire son *Salve*
> Et son *In manus* tout de suitte.

> Lettre d'un vray soldat françois au Cavalier Georges, et Suitte de la Lettre à Mr le cardinal burlesque. p. 17. 1649.

GOUGER. Faire de l'embarras, avoir de la peine à s'expliquer, tourner autour du pont.

« JANIN. T'a esté à sain Gearmain?

PIAROT. Saymon.

JANIN. T'a parlé au rouay?

PIAROT. Guian! oui.

JANIN. Et y t'a baié à deiné?

PIAROT. Ban antandu.

JANIN. Mal peste! queme tu *gouge*; n'an ne serret (¹) tizé une bonne parole de touay. »

> Cinquiesme partie et conclusion de l'Agréable conférence de deux païsans de Saint Ouen et de Montmorency, p. 4. 1649.

M. Littré qui donne *gouger* avec le sens propre de travailler à la gouge, a omis de rappeler cette signification figurée.

GOULPHARIN. Goinfre.

> Et ces gros piffres de Lorrains,
> Escogriffes et *goulpharins*.

> L'Adieu burlesque de la Guerre à la France, p. 6. 1649.

De la même famille sont *gouliafre*; genevois, *galiaufre, gouliafe*; Lorrain, *goulafre*; autant de dérivations capricieuses de *goule* ou *gueule*.

GOUSPILLER. Le même que *houspiller*; tirailler, battre, agiter fortement, secouer violemment, comme dans l'exemple qui suit :

> On *gouspille* jusqu'en son ventre
> La musique qui s'y concentre.

> La Suitte de l'Orphée avec les Bachantes, en vers burlesques, p. 12. 1649.

Ailleurs, ce mot a la signification de dissiper, piller, et dans ce sens, il est équivalent de *gaspiller*, mot plus moderne.

« Enfen, Sire, pour reveni à mon conte, y nous avan mandé pour vous dize que v' n'avé que faize de v'si attanre, quer vos soudars lez avan si ban étrillez qui gna pu que frize pour vous; y z'avan *gouspillé*, gasouillé lé ban de Guieu, fai dé malebosses é dé bègnes à leur houtes, é fai pu de trente violles (²). »

(¹) Saurait tirer.

(²) Enfin, Sire, pour revenir à mon compte, ils nous ont mandé pour

Gassouiller est un augmentatif de *gasser*, lequel vient de
l'italien *guazzare*, c'est-à-dire, selon le Vocabulaire italien-
espagnol de Lorenzo Franciosini, *dibatter cose liquide dentro
a un vaso. Guazzare* est le *quassare* des Latins. Franciosini
ajoute : *o bagnare come si fa alle cavalcature quando arrivano
fangose, che si menano al fiume a lavarsi.* Quand une laveuse
de lessive a bien enduit son· linge de savon, et qu'elle l'a bien
frotté et battu, elle le jette à l'eau, l'agite vivement à droite
et à gauche, pour en faire sortir le savon ; c'est ce qu'on
appèle, en patois bourguignon et champenois, *gasser* le linge.
Le suffixe *souiller* ne répond pas cependant à l'idée que représente le mot simple *gasser*, au contraire. C'est qu'en patois
bourguignon, on exprime par *gassouiller* l'action de farfouiller
avec la main ou avec un bâton, dans une eau fangeuse, dans
un ruisseau qui charrie toutes les ordures de la ville, et qui
pour cela est appelé *gassouillat*. Ce n'est pas seulement un
augmentatif ; c'est un préjoratif.

GOUSPIN. Homme de néant, mauvais drôle.
> Combien a-t'on vu de *gouspins*,
> De ban-croutiers, de haplopins...
> Faire les gens de haute taille.

Les Maltôtiers ou les Pescheurs en eau trouble, p. 3. Paris.
1649.

Voyez sur l'étymologie de ce mot M. Littré et M. Francisque
Michel. Mais ni l'un ni l'autre ne produisent d'exemples.

GOUSSET (Odeur de). Argent en poche.
« Ça fait d'bons lurons qui ont l'*odeur du gousset* chenument
fort ; falloit les gruger d'la bonne faiseuse. »

Amusemens à la Grecque, p. 25. 1764.

GRACE. Permission, désir, volonté, ordre même.
> Mais qu'arrivit-il de cela ?
> Ma drôlesse, sans votre grâce,

---

vous dire que vous n'avez que faire de vous y attendre, car vos soldats
les ont si bien étrillés qu'il n'y a plus que frire pour vous. Ils ont gouspillé. gassouillé les biens de Dieu, fait des malebosses et des bignes à
leurs hôtes. et fait plus de trente viols.

Ly flanquit son poing sus la face,
Ly disant : quien, velà pour toy.

Première Harangue des habitans de Sarcelles à Mgr l'archevêque de Paris, novembre 1730; dans Pièces et Anecdotes, etc.
Ire p^{ie} p 16.

C'est votre grâce, formule d'excuse, quand on conteste quelque chose à quelqu'un et qu'on ne veut pas lui donner un dé-
menti en forme.

« Je vîme, environ nous, tras quevalié à chevau. Drès qu'al
lez avisi, al me di : Piarot, je some pardu, s'tu ne di que tes
mon mazi. Là dessu le primié s'an vian tou de gran me bonté
s' n'arme entre lé deurieux, en disan : Où mène-tu s'te p... là ?
— Morgué, Monseu, san v' s'offancé, c'est ma fame. — T'a
manti, sditi — *c'est vout grâce*, sly dije. — O ban, sditi, pisque
c'est ta femme etc. »

Cinquiesme partie et Conclusion de l'Agréable conférence de
deux païsans de Saint-Ouen et de Montmorency, p. 8. 1649.

C'est aussi une formule de remerciement.

HENRI.

« Que j'aie l'honneur de vous servir, ma belle voisine. Je ne
sais si vous avez de l'appétit, mais vous en donneriez.

CATAU.

« *C'est vot' grâce...* Bien obligé, Monsieur, v' s'êtes ben poli. »

La Partie de chasse de Henri IV, par Collé, Act. III, sc. XIII.
1762.

Ainsi, permettre, contester ou nier, et enfin remercier, telles
sont les trois significations diverses où contradictoires appli-
quées au mot *grâce,* selon l'état où se trouve la personne qui
trouve bon de l'employer. Elles sont surtout familières aux
paysans de la banlieue parisienne, et, chez les paysans, les
formules de politesse ne disent pas toujours exactement la
chose qu'ils veulent dire.

GR'LOT. Gros lot.

JOLIBOIS, *déguisé en marchand de billets de loterie.*

« On la tire aujourd'hui ; c'est pour aujourd'hui.

TOUPET.

« Ah! un bonheur né va pas sans un autre; mettons à la
loterie, ma pétite Javotte....

JOLIBOIS.

« V'là l'*gr'* *lot* d'quinze mille livres en passant; v'là l'*gr'* *lot*.

TOUPET.

« Coléporteur, bénez ça. »

Les Raccoleurs, par Vadé, sc. XVII. 1756.

C'est ici un autre exemple d'une syncope analogue à celle de *ch'pére* pour cher père, citée précédemment. Mais on se demande si elle était aussi facile à prononcer qu'à peindre.

GRENOUILLER. Boire.

> Et leurs commères les poissardes
> Qui, n'ayant crainte du démon,
> Vous plantent tous là le sermon
> Pour galoper à la guinguette
> Où se *grenouille* la piquette...
> Tel en chemin a chanté pouille,
> Qui rendu là ([1]), dès qu'il *grenouille*,
> Qu'il a le c. bouché d'un banc,
> Change aussitôt du noir au blanc.

Les Porcherons, chant I, dans Amusemens rapsodi-poétiques, p. 128 et 129. 1773.

GRIBOUILLER. Remuer, émouvoir.

> Tes yeux ont *gribouillé* mon âme.

Pasquille nouvelle sur les amours de Lucas et de Claudine, p. 9. 1715.

Le sens actif de *gribouiller*, n'est pas indiqué par le Dictionnaire de l'Académie, non plus que le sens figuré qu'il a dans le passage ci-dessus et dans le suivant :

> Queu plaisir an a ! Notre-Dame !
> Comme an se sent *gribouiller* l'âme
> Quand l'an revoit çartaines gens !

Cinquième Harangue des habitants de Sarcelles à Mgr l'Archevêque de Paris, août 1740 ; dans Pièces et Anecdotes, 1re pie, p. 258.

([1]) A la guinguette.

GRIS. Vent de bise, froid.

> Hé quoy, madame la statue,
> Avez-vous repris la parole
> Pour nous venir ficher la colle,
> Depuis que vous vendez du *gris*
> A tous les simples de Paris?

Les Révélations du Jeusneur ou Vendeur de gris, p. 3. Paris, 1649.

Quoique l'admission de ce mot dans le *Jargon ou langage de l'argot réformé* (¹), semble indiquer qu'il appartient effectivement à l'argot, il n'en est rien ; ce *gris* dit au sens de vent ou de froid, est une expression simplement populaire et même familière. Oudin l'a recueillie dans ses *Curiositez françoises*; il y fait remarquer à la page 259, qu'on disait familièrement *l fait gris* ou *on vend du gris*, pour *il fait grand froid*. On disait aussi *faire grise mine* pour *froide* ou *triste mine*, et on le dit encore. Tout cela est bien connu; passons.

La statue dont il est ici question et sur l'origine et la nature de laquelle nombre d'écrivains, entre autres l'abbé Lebeuf et Piganiol de la Force, ont dit leur mot, était situé sur la place du parvis Notre-Dame, où elle demeura en butte à toutes sortes d'outrages et de mutilations, jusqu'en 1748. C'était là que se tenait la foire aux jombons, le jeudi saint. Et parce que les places, comme les bords des rivières, sont une partie du domaine que le fabuliste a appelé « le royaume du vent », on avait nommé cette statue le *Vendeur de gris*, quoique le gris s'y débitât aussi largement que gratuitement. Cependant les Parisiens ne laissaient pas d'envoyer au vendeur, pour acheter de sa marchandise, les nouveaux venus de la province, aux dépens desquels, suivant un usage immémorial, ils voulaient s'amuser. C'est ainsi que, aujourd'hui encore, ils envoyent un garçon simple et crédule acheter chez l'épicier de l'huile de cotret.

L'autre nom, celui de *Jeûneur*, paraît avoir été donné à cette

---

(¹) Voir sur ce livre les *Études de philologie comparée sur l'argot*, par M. Francisque Michel, Introduction, p. xi et suiv., et mon *Histoire des livres populaires*, t. II, p. 357 et suiv.

statue, parce qu'il était sans exemple qu'elle eût jamais vécu, depuis mille ans, d'autre chose que de vent.

Mais ces qualifications étaient toutes populaires. Quand le peuple ne sait le nom ni d'un individu, ni d'un objet, il le qualifie, et pendant que les savants disputent sur ce nom, la qualification fait son chemin et reste. Les savants, et après eux la cour et la ville, voyaient dans cette statue Esculape; c'était l'opinion la plus commune. Une mazarinade nous dit tout cela agréablement :

> Par une coutume ancienne
> Le jeudy de cette semaine
> Que l'on appelle l'Absolu,
> Ou, pour mieux parler, le goulu,
> Dans ce parvis où l'on contemple
> La face d'un superbe temple,
> Jambons croissent de tous costez,
> Ainsi que s'ils estoient plantez....
> Là . . . .
> Une marchande me convie
> De venir acheter du sien,
> Pourveu que je le paye bien.
> Elle avoit planté sa boutique
> Au pied d'une figure antique
> Qui sert de borne dans ce lieu,
> Tout vis-à-vis de l'Hôtel-Dieu.
> Là, cependant qu'elle me prise
> La bonté de sa marchandise,
> J'entendis tousser plusieurs fois,
> Puis enfin élever la voix
> De cette plaisante statue.
> De quoy toute la troupe émue
> S'assemble autour en un monceau;
> Lorsque, par un autre miracle,
> Elle prononce cet oracle,
> Après avoir trois fois craché
> Et meuty et deux fois mouché :
> « Peuple dévot à la cuisine
> Plus qu'à l'Eglise, ma voisine,
> Que non la messe et les sermons,
> Mais l'odeur des friands jambons,

Idoles de la populace,
Attire en foule à cette place,
Oyez la voix d'un sermonneur,
Vulgairement nommé Jeusneur,
Pour s'estre veu, selon l'histoire,
Mille ans sans manger, ni sans boire,
Et sans ch... par conséquent ;
Mais qu'un peuple plus éloquent,
Malgré la rongeure et la sape,
Appelle toujours Esculape,
Jadis des peuples adoré,
Maintenant par eux altéré,
Et mis, sans lampe et sans chandelle,
Comme une borne en santinelle,
Le nez et le menton rongé,
Et de tout le peuple outragé, etc. »

Suitte de la Révélation ou le second Oracle rendu par le Jeusneur du Parvis de Nostre-Dame, sur la conclusion de la paix, le jour de la Foire aux jambons. Paris, 1649.

GROS DE (Être). Avoir une forte envie de.

CASSECROUTE.

« Bon jour, mon parent Cassandre.

CASSANDRE.

« Bon jour, bon jour, monsieur Picotin.

PICOTIN.

« Nous étions *gros* de vous voir. »

La Confiance des Cocus, parade, sc. v., dans le Théâtre des Boulevards, T. I, p. 40. 1756.

LÉANDRE.

« Cruelle Isabelle, c'est de mourir moi-même z'en personne devant vous tout à l'heure.

ISABELLE *pleurant*.

« Ha! Allez, ingrat, je n'étois *grosse* que de vous voir. »

Isabelle grosse par vertu, parade, sc. dern. Ibid. T. II, p. 86.

GROSSEUX. Se dit d'un homme qui montre de l'humeur, qui grogne, qui murmure, qui se plaint sans cesse. Il vient du vieux français *grosser* ou *grousser*, qui signifie réprimander, murmurer, se plaindre avec humeur.

« Bàdine-tu, *grosseux?* N'faudroit-il pas que Charlot ([1]) te
changeât d'chemise? car tu sues. »

Poissardiana, p. 41. 1756.

GROUINER. Embrasser.

SANS-QUARTIER.

« Comment, nigaud, tu serois assez sot pour être jaloux?

GILLES.

« Non pas tout à fait; mais je ne voudrois pas que l'on
grouinât ma femme; cela les accoutume à mal faire. »

Caracataca, parade, sc. II, dans le Théâtre des Boulevards,
T. I, p. 116. 1756.

GRUGEOIRE. Mâchoires, dents.

Je serois plus sot qu'un cheval
Qui ne voit point dans sa mangeoire
De quoy mettre sous la *grugeoire.*

La Raillerie sans fiel, en vers burlesques, p. 4. 1649.

GUEULANT. Friand, appétissant.

Moi, je me borne à des héros,
Hardis pourfendeurs de gigots,
Intrépides pour les grillades,
Gueulans ragoûts, tripes, salades.

Les Porcherons, chant I, dans Amusemens rapsodi-poétiques,
p. 126. 1773.

GUEULÉE. Bon morceau.

Pour pouvoir aller le septième ([2])
Sucer, comme on dit, le cruchon,
Chanter la Mère Gaudichon...
Hommes et femmes s'empaffer,
De tout âge enfans se piffer,
Crocs ([3]) rencontrer quelque *gueulée,*
Tapageurs troubler l'assemblée, etc.

Ibid., p. 122.

Il signifie plus loin cris violents, interpellations grossières.

([1]) Le bourreau.
([2]) Le septième jour de la semaine.
([3]) Escrocs, parasites.

Ces sauts, mornifles et gambades,
Beuglements, *gueulée*, embrassades.

Ibid., chant III, p. 145.

Il a encore ces deux sens aujourd'hui ; mais M. Littré ne
donne pas le second.

GUEUSASSE. Qui est de la race des gueux ; la canaille.

« Je m' fous ben de tous ces ennemis-là, moi ; ce n'est que
de la *gueusasse*. »

Le Drapeau rouge, IIᵉ Dialogue, p. 5. 1792.

GUEUSE AU LITRON. V. LITRON.

GUINGUIN. Mouchoir de toile peinte pour se couvrir la tête.

Il me dit : Je suis le Jeusneur ;
C'est le nom dont la populace,
En me voyant à cette place,
Me coiffe comme d'un béguin ;
Mais sous la forme d'un *guinguin*.

Les Révélations du Jeusneur (¹) ou Vendeur de gris, p. 3. 1649.

J'ai parlé dans mon *Étude sur le langage populaire de Paris* (²),
de l'habitude qu'a conservée le peuple de cette ville, de forcer
jusqu'à l'aigu la nasalisation, dans les sons *an* et *en*, et de les
prononcer *in* ; j'en ai donné plusieurs exemples. Le mot *guinguin* en est un autre ; il est dit pour guingan, toile de coton
blanche ou peinte de l'Inde et dont on faisait des mouchoirs
et des fichus, les uns pour la tête, les autres pour le cou.
On les appelait ainsi parce qu'on en fabriquait de pareils à
Guingamp, en Bretagne.

H (Être marqué à l'). Être battu.

« Prions seulement que ceste ordonnance ne porte son appel
en croupe, que les commissaires l'effectuent et pour nostre
profit et pour nostre consolation, et ainsi nous aurons la paix
chez nous ; car si elle est observée, nous aurons plus de biens
et moins de coups. Nous sommes le plus souvent *marquées
à l'H*, pour monstrer que nostre peau est tendre. On ne le
jugeroit pas à nostre mine reformée comme la tirelire d'un
Enfant rouge. »

(¹) Voy. ci-devant au mot *Gris*.
(²) Page 132.

La Réjouissance des femmes sur la deffence des tavernes et
cabarets. Paris, 1613, dans les Variétés historiques publiées
par M. Ed. Fournier, t. X, p. 183.

D'après ce passage, il n'est pas douteux que ces femmes
marquées à l'H, ne soient des femmes battues par leurs ivrognes
de maris. Nous le voyons plus clairement encore, s'il est possible, dans un autre passage de la même pièce, à la page 180,
où, parlant des mauvais traitements dont elles sont l'objet,
elles et leurs enfants, de la part de leurs maris et pères pris
de vin, elles disent : " Ils ne beuvoient verres de vin qu'ils ne
tirassent autant de larmes des yeux de leurs femmes et de
leurs enfans, lesquels *marquez* à la teste et au visage, sçavoient
mieux les forces des bras de leurs maris et de leurs pères que
celles du vin. » Ainsi que ce soit *marqué* tout court, ou *marqué*
à l'H, cela veut dire qu'on porte sur sa figure ou ailleurs la
marque des coups qu'on a reçus.

Mais l'expression *marqué à l'H* a évidemment plus de force,
et fait allusion à quelque circonstance qui l'a déterminée.

On disait autrefois d'un boiteux, d'un borgne, d'un bossu,
tous gens à qui leur infirmité, beaucoup moins pourtant que
l'envie, semble donner plus de malice ou de méchanceté qu'aux
autres, qu'*ils sont marqués au B*, parce que le *b* est la première
lettre de ces mots. Mais comme toutes sortes de gens sont
exposées à recevoir des coups, et que les mots par lesquels on
désigne ces gens commencent par l'une ou l'autre de toutes les
lettres de l'alphabet, ne pouvant, à cause de cela, tirer l'allusion de ces lettres, on l'a tirée de celle par où commencent
le plus souvent les noms de coups ou d'instruments servant à
les donner. Cette lettre est l'H; ainsi *horion, heurt, hoche* ou
entaille faite sur un bâtonnet pour tenir le compte du pain,
du vin ou autre denrée prise à crédit; *hache, hallebarde*, dont
la *hampe* servait à frapper les soldats; enfin *hart*, lien de fagot,
fameux dans l'histoire des volées ou coups de bâton. Être
marqué à l'H serait donc le même qu'être frappé d'un de ces
instruments, ou de recevoir un de ces coups. Or, dans le cas
dont il s'agit, il est permis de croire que l'objet auquel devaient
le plus naturellement penser des ménagères, en parlant des
marques qui leur sillonnaient le visage, est le bâtonnet marqué
de *hoches* ou entailles. Cet objet leur était en effet très-familier,
et il l'est encore aujourd'hui à la plupart de leurs pareilles,

surtout dans leurs comptes avec le boulanger. Le bois sur
lequel on pratiquait ces *hoches* ou *coches* (car ces deux mots
sont synonymes), était du bois blanc, et tendre comme l'était
aussi la peau de ces dames. Cependant, à les en croire, leurs
blessures se cicatrisaient promptement, puisque leur peau « se
reformait comme la tirelire des Enfans rouges. » En d'autres
termes, elles faisaient peau neuve, comme ceux-ci, après avoir
brisé leur tirelire pour en extraire la monnaie, s'en procu-
raient une nouvelle. On sait que les Enfants rouges étaient des
enfants pauvres habillés de rouge, formant une institution
appelée du même nom, et qui allaient mendier dans Paris
avec une tirelire.

HABILLÉ DE NOIR. Avocat.
« Alle jase aussi bien que les *habillés de noir* de la halle
aux procès. »

> Le Déjeuner des Halles, ou Accords de mariage entre Claude
> L'Echappé, Michel Noiret, charbonniers, avec Suzon Vadru,
> Marianne Ravin, revendeuses de fruits sur des inventaires, etc.,
> p. 10. S. L. 1761.

HAÏDANCE. Aide.
« Par le secours de son *haïdance*, j'obtiendrons un édit bien
tapé. »

> Le Paquet de mouchoirs, p. 7. 1750.

HAINGERIE. Haîne, colère.

> Je rendray pour eux l'Evangile
> Si doux, si commode et facile,
> Que ni parjures, ni sarmens,
> Ni colères, ni juremens,
> Ni vengeances, ni *haingeries*
> N'empêcheront aucunement
> Qu'ils n'entront dans le Firmament.

> Première Harangue des Habitans de Sarcelles à Mgr. l'Arche-
> vêque de Paris, prononcée en novembre 1730, dans Pièces et
> Anecdotes, Ire partie, p. 27.

On disait *haingue* et *hainge* au XIIIᵉ siècle, le peuple y a
ajouté le suffixe *rie*, un de ceux dont il aime le plus à allonger
les mots.

HALLE AUX PROCÈS. Palais de justice.
Voyez ci-dessus *Habillé de noir*.

HALLEFESSIER. Gueux, bélître, faquin, bomme grossier et méprisable. Quelques-uns y ajoutent : serviteur qui flatte .son maître, mouchard ou espion d'un tyran.

« Si l'on nous avoit donné des sabres... j'aurions déguenillé (¹) tous ces *alfessiers* qui nous ont presque mis à l'hôpital. »

> Les Trois poissardes buvant à la santé du Tiers-État, p. 21. 1789.

Les diverses significations de ce mot que j'ai données, je les ai prises dans Cotgrave, et celle qui convient ici est sans contredit l'une des deux dernières, sinon toutes les deux ensemble. Comme le pamphlet des *Trois Poissardes* est dirigé contre le côté de la Noblesse aux États-Généraux, et que, dans cette noblesse, il y avait plusieurs personnages de la cour ; que d'ailleurs, aux yeux de l'auteur du pamphlet, tout noble était réputé courtisan, les *hallefessiers* sont ici les serviteurs qui flattent leur maître, qui mouchardent le peuple pour le compte du roi, en un mot les courtisans.

Dans mon *Étude sur le langage populaire parisien* (²), j'ai rendu ce mot simplement par *noble*, ne l'ayant pas trouvé dans Cotgrave où je l'avais cherché à la lettre A, au lieu de la lettre H, sous laquelle il est. Mais, je le répète, *noble* et *courtisan* sont pour notre pamplétaire et ses lecteurs et amis, une seule et même chose. J'ai cru devoir encore donner, à l'endroit cité, une explication étymologique de ce mot ; elle est toute conjecturale : mais n'ayant pas trouvé mieux depuis, je la maintiens.

Ce mot n'est pas dans le Dictionnaire de M. Littré.

HARDELLE. Personne du sexe laide, maigre, efflanquée.

> A qui mieux mieux se garmentirent (³)
> De la plâtrer cor de nouviau,
> Et de li bailler un mantiau
> Qui li baillit queuque apparence
> D'une *hardelle* d'importance.

> Harangue des Habitans de Sarcelles à Mgr. Charles, dit de St Albin, archevêque duc de Cambrai... au sujet de son Mandement du 25 juillet 1741 ; dans Pièces et Anecdotes, IIe p^ie, p. 175.

Hardelle est une syncope pour *haridelle* qui a la même signi-

---

(¹) Déchiré, dépouillé, mis en guenilles, en pièces.

(²) Pag. 306.

(³) Se donnèrent la peine. Voy. *Garmenter* (se).

fication. Mais au xive siècle, il eût été écrit correctement et eût signifié drôlesse, fille de mauvaise vie. « Laquelle Jehanne eust deslengié (¹) les dites trois jeunes filles pour ce qu'elles mangeoient du fruit de laditte Jehanne... et leur dist que elle les feroit batre, en les appellans sanglantes *hardelles*. *(Lettres de grâce* de 1397, dans Du Cange, éd. Didot, au mot *Hardelles).*

HARDO, et mieux HARDEAU. Vaurien, garnement.

Il doit (²) remercié son Monsieu le Grand-Maistre (³)
Qui, le voulant sauvé, receut par la fenestre
Un grand coup de pavé dessus son pauvre dos,
Qui le contraignit bien luy et tous ses *hardos*
De driller au pu viste.

> La Gazette des Halles touchant les affaires du temps; Iʳᵉ Nouvelle, p. 7. 1649.

« Il eut ung fils nommé Ténor Dandin, grand *hardeau* et galant homme; ainsi m'aist Dieu! »

> Rabelais. Pantagruel, Liv. III, ch. 39.

Hardeau, qui se disait aussi *hardel*, est le masculin de *hardelle*. Voy. encore Du Cange, *loc. cit.*
Omis par M. Littré.

HAYSANCE. Haine.

Du Mazarin, de la mazarinaille...
Qu'an diroit-on? qu'an dira-t'on?
Nous a fait bien manger du son.
Mais maugré tout son *haysance*,
J'on cependant la Conférence (⁴),
Tant achepté comme pillé,
J'avon nous fait ranvitaillé,

> Suitte de la Gazette de la Place Maubert, p. 12. 1649.

HÉRITANCE. Héritage.

Mais je n'ons eu pour *héritance*
Que son courage et sa constance.

> Riche-en-gueule, p. 55. 1821.

(¹) Injurié.
(²) Le chancelier Séguier.
(³) Le maréchal de la Meilleraye, grand-maître de l'artillerie.
(⁴) La Conférence de Ruel.

Hérite. Attrape.

C'est le terme dont on se sert à l'égard d'un homme à qui l'on a joué quelque mauvais tour.

Arlequin.

Monsieur est un marchand, y faut que je vous dise,
Qui vient à Mamselle offrir sa marchandise.

Isabelle.

Arlequin dit bien vrai; zil me l'offre à crédit,
Ce qu'il montre est fort beau; zil en trouve le débit.

Gilles battant Léandre.

Sa marchandise? oui; pan, la voilà payée!

Hérite, mon garçon.

L'Amant cochemard, parade, sc. iii; dans le Théâtre des Boulevards, t. II, p. 8, 9. 1773.

« C'est pour lui rabattre son caquet; je lui gardois ça pour ses étrennes; *hérite*, ton père est mort. »

Les Écosseuses, p. 19. 1739.

Hideur. (Ça fait). Cela dégoûte, révolte.

O! notre bon roi, le dirons-je?
Ça fait hideur, quand l'on y songe!

Harangue des Habitans de Sarcelles au Roi; juin 1733; dans Pièces et Anecdotes, IIe partie, p. 428.

Hluaux. Gluaux.

« Janin revenant de Paris, après huit jours d'absence, fut apperceu de son cousin Tallebot qui tendoit des *hluaux* sur un fresne. »

Suitte de l'Agréable Conférence de deux païsans de Saint-Ouen et de Montmorency, p. 3. 1649.

Cet adoucissement de la gutturale initiale est assez commun dans le patois de la banlieue de Paris. En voici encore un exemple :

Hodelureau. Godelureau.

« Quer j'antans jaré queuque foua, apray la Gran Messe, cé *hodeluriaux* qui disan: n'an fai cy, n'an fai ça, par cy, par là. »(¹).

Ibid., p. 4.

(¹) Car j'entends jaser quelquefois, après la grand'Messe, ces godeluriaux qui disent: L'on fait ceci, l'on fait cela, par ci, par là.

HUILE (Bigre à l'). Moine de l'ordre des Minimes.

J'ai cherché précédemment (¹) quelle était la signification de cette grossière locution, et à qui elle s'appliquait; mais sauf les maîtres d'hôtel qu'on appelait ainsi par analogie, je me suis trompé dans tout le reste. Voici la solution vraie de la question d'après deux passages sur lesquels je suis tombé récemment, et qui ne laissent aucun doute.

> Entre deux moines impudents,
> L'un cordelier, l'autre minime,
> S'ourdirent de grands différents...
> « Par là corbleu, taisez-vous, mirmidon,
> » De par François, » s'écriait le champion.
> « Taisez-vous vous-même, allez boire, »
> Reprit le minime en courroux.
> « Tu te rengorges bien, reprit le moine altier,
> « Et tu fais bien le *bigre à l'huile;*
> » Apprends, mon grand ami, qu'ignorant cordelier
> • Vaut un minime habile. »

Recueil de nouvelles poésies galantes, critiques, latines et françoises, II⁰ partie, p. 131. Vers 1726.

LE PRÉLAT EXPIRANT.

> Un prélat étant près de rendre
> L'âme à Dieu, le corps au curé,
> Etoit assez bien préparé
> Sur le parti qu'il alloit prendre.
> Près du lit, l'extrême onction
> Attendoit l'exhortation
> D'un directeur des plus sublimes,
> Lorsque plusieurs moines entrant,
> « Sauvez l'huile, dit le mourant,
> » Je vois paroître les minimes. »

Ibid., p. 113.

Saint François de Paule, fondateur de l'ordre des Minimes, leur ayant prescrit de ne manger que de l'huile, c'est-à-dire de faire toute leur cuisine à l'huile, et cela, parce que les pauvres, en Calabre, faisaient de même, on voit tout de suite pourquoi ces moines étaient qualifiés de *bigres à l'huile.*

(¹) Voyez au mot BIGRE A L'HUILE.

7

HUMBLESSE. Humilité.

> Lors il commença de nous dire
> Comme quoy ce Mansieu Pâris
> Avoit gagné le paradis :
> Ses vartus et sa pénitence,
> Sa retraite, son abstinence...
> Et son *humblesse* sans seconde.

Compliment inespéré des Sarcellois à Mgr. de Vent***, au sujet de leur pélérinage à St Médard, p. 6. 1733.

HUMBLETÉ. Humilité.

> Stila . . . .
> Qui devroit être le modèle
> Des autres par son *humbleté,*
> Se quiant tallement haut monté
> Qu'il croit que la tarre habitable
> N'est pas de le porter capable.

Troisième Harangue des Habitans de Sarcelles à Mgr. l'Archevêque de Paris, au sujet des miracles ; mai 1732 ; dans Pièces et Anecdotes, Ire partie, p. 143.

IVOIRES. Dents. Voy. YVOIRES.

JACQUE SANGUIN. Fromage frais et mou mêlé et pétri avec des fraises.

« N' me r'tiens pas, crois-moi, car je commencerois par t'accommoder la figure comme du *jacque sanguin.* »

Vadé. Les Raccoleurs, sc. VI. 1756.

Le *jàque,* pour dire le fromage blanc frais, est un mot d'importation bourguignonne, *sanguin* exprime l'état de ce fromage, quand on y a mêlé et écrasé des fraises. C'était un ragoût cher aux dames de la halle. Mettre une figure au *jacque sanguin* est l'équivalent de la mettre en compote.

JANCU. Abatteur de bois.

> Un grand *jancu* de bon minois
> Afin de violer les lois
> Du sacrement de mariage,
> En la maison du pourpointier
> A fait despriser le mestier
> Pour honorer le courage.

Les Caquets de l'Accouchée (1622), édit. Janet, p. 180.

De là le verbe *janculer,* faire profession de séduire, de débaucher les femmes. Je ne cite pas l'exemple, et pour cause; on le trouvera dans *Moralité très bonne et très excellente de Charité... moralité à douze personnaiges*, au tome III, p. 340, de l'*Ancien Théâtre françois*, édit. Jannet.

JAPPE. Bavardage, objurgations bruyantes, résistance en paroles.

> Un commissaire et son escorte
> A minuit frappent à la porte ;
> On ouvre, on monte, et l'on saisit
> Tout, sans accorder de répit.
> Beau jeu n'auroit pas là la *jape*;
> Tous les huit aussitôt l'on hape.

> Les Porcherons, chant VII, dans Amusemens rapsodi-poéti-
> ques, p. 199. 1773

JASMIN. Valet de pied, laquais.

« On sera obligé de payer quand on voudra avoir des *jasmins* derrière sa voiture. »

> Cahier des plaintes et doléances, etc., p. 18. 1789.

En style de passementerie, on appèle *jasmin* une touffe, un paquet de galons, de cordonnets, etc. Se pouvait-il trouver un sobriquet plus convenable à des gens pomponnés et galonnés sur toutes les coutures?

JEAN LE BLANC.

TONTON.

> A l'endroit de ma sœur....
> C'beau monsieur vous l'enjole,
> Devant moi la cajole,
> Et d' ces politess' là,
> I n' m'en offre pas ça.

LA RAMÉE.

Mais, Mamzelle, sont pas des politesses pour un enfant.

TONTON.

Eh ! mais, Monsieur *Jean-L'Blanc*, tien; allez, quand on s'habille et se déshabille toute seule, on n'est plus un enfant.

> Vadé. Les Raccoleurs, sc. VII. 1756.

Cette qualification a lieu d'étonner, et dans la bouche du peuple, à une époque où il y avait plus d'un siècle et demi qu'on l'avait inventée. C'est celle que donnaient les protestants à l'hostie eucharistique. Un pamphlet en vers sur ce sujet : *La Légende véritable de Jean le Blanc*, a été imprimé en 1677, et inséré l'année suivante dans le *Cabinet Jésuitique* (Cologne, chez Jean le Blanc, 1678, in-12). On y fait l'histoire de l'hostie depuis le jour où elle n'est qu'un grain de bled en germe, jusqu'à celui où, après des transformations diverses, elle subit la destinée de tout ce qui sert à l'alimentation de l'homme. Il n'y a rien de plus plat, de plus sot que ce pamphlet. Il fallait un autre ton pour attirer le ridicule sur un sujet qui n'y prête guère d'ailleurs, et l'auteur ne l'a attiré que sur soi.

JEAN L'ENFUMÉ. Jambon.

> Que je donnerois bien ores dans une cave
> Pleine de fort bon vin ou bien de bon pommé,
> Mais que j'eusse avec moi frère *Jean l'enfumé!*

Les Corrivaux, par P. Troterel, Act. I, sc. 1, 1612.

JEAN FAIT-TOUT. Factotum.

> Ce Lustucru n'étant que Frère,
> Dame, voulit devenir Père,
> Comme il étoit le factotum,
> Le *Jean Fait-tout* dans leux maison,
> C'étoit li qu'avoit soin des farmes.

Les Habitans de Sarcelles désabusés au sujet de la Constitution *Unigenitus*; IIe Harangue à Mgr l'Archevêque de Paris. Avril, 1731; dans Pièces et Anecdotes, I^e P^ie, p. 58.

JEAN DU HOUX. Bâton.

> Velà *Jean du Houx* rué jus,
> Plus n'en auroys esbat ne jeulx.

Farce nouvelle d'un Ramoneur de cheminée (xve siècle); dans l'Ancien Théâtre français, t. II, p. 194. Ed. Jannet.

JEAN JEUDI. Mari trompé.

> Nous ferons publier nos bans
> Pour nous marier mercredi,
> Afin que tu sois *Jean Jeudi*.

Pasquille sur les Amours de Lucas et de Claudine, p. 15. 1715.

A proprement parler, il n'y a que le mot *Jean* qui ait la signification indiquée. *Jean Jeudy* est le mot par lequel on désignait l'exécuteur des arrêts contre les maris destinés à être trompés. Voyez Rabelais, dans le *Pantagruel*, L. II, ch. 21.

JEAN DES VIGNES. Vin.

>Car *Jehan des Vignes* qui est tant beau
>Incontinent leur gaste le cerveau.

>Sermon joyeux et de grande valuë (xvᵉ s.), dans l'Ancien Théâtre françois, éd. Jannet, t. II, p. 215.

J'ENTRE EN GOUT. Qui a le goût difficile, qui veut expérimenter avant de choisir et de prononcer.

« Parlé, parlé, monsieur de Trelique-Belique! Aga, ce monsieu faict à la haste, ce monsieu si tu l'est, ce dégousté, ce *j'entre en goust!* Parlé, Jean qui de tout se mesle et rien ne vient à bout. »

>Nouveaux Complimens de la Place Maubert, des Halles, Cimetière S. Jean, Marché neuf et autres places publiques. Ensemble la Resjouissance des Harangères et Poissonnières faicte ce jours passés au Gasteau de leurs Reines. 1644. Dans Variété historiques et littéraires, éd. Jannet, t. IX, p. 235.

JÉRÔME. Bâton.

« Sans-Quartier s'est mis en colère; Gilles l'a rossé avec un *jérôme* de bonne mesure. »

>Caracataca et Caracataqué, parade, Act. III, sc. II; dans le Théâtre des Boulevards, t. I, p. 162. 1756.

GILLES.

« Eh pardienne, je n'y touche pas *(Il boit. Pendant qu'il boit, Madame Gilles lui prend son* JÉRÔME *et le bat)*.

>Le Mauvais exemple, parade, sc. XI; *Ibid.* t. III, p. 61.

Il m'est impossible de trouver ce qui a donné lieu à une semblable qualification.

JOBET. Nigaud, maladroit.

>Assez ce-nous est d'infortune
>De donner tout nostre pécune,
>Sans être encor comme *jobet;*
>Pendans d'oreilles de gibetz.

>Requeste des Partisans à MM. du Parlement, en vers burlesques, p. 8. Paris, 1649.

C'est un mot de la langue du XIIIᵉ siècle.

LAPIDAIRE EN CUIR. Savetier.

« Il employa tous ses amis pour m' faire avoir un bureau d' propreté dessus l' Pont neuf, mais n' me sentant pas d' goût pour cet état-là, i m' mis cheux un *lapidaire en cuir.* »

Amusemens à la Grecque, p. 42. 1764.

C'est aux petites pointes qu'on appèle diamants et dont on garnit la semelle des souliers, que le savetier doit cette qualification.

La Roche (S'appeller). Être brave, mauvaise tête, redoutable à qui moleste les gens ou les importune.

> Des Enquestes deux présidens
> En murmuroient entre leurs dens.
> L'un disoit : je vis sans reproche ;
> L'autre : Je m'appelle *La Roche.*

Le Courrier burlesque de la guerre de Paris, IIe P^{ie}, p. 7. Paris, 1650.

Leroux prétend que cette locution se dit d'un libertin. C'est une erreur. Le plus libertin ne se vante pas ainsi. Cela n'appartient qu'à l'homme tel que je viens de le définir, et comme il y en avait beaucoup dans la chambre des Enquêtes, au Parlement, à cette époque.

Quant au fait qui a donné lieu à cette locution, je l'ignore absolument. Mais n'y aurait-il pas là une allusion à quelque seigneur féodal mal endurant ?

Limonadier des postérieurs. Apothicaire.

« Voyez-vous donc, M. Tirebile, *limonadier des postérieurs,* qui vend la mort dans ses liqueurs. »

Riche-en-gueule, p. 69. 1821.

Lingère a petit crochet. Chiffonnière.

« Ma mère voyant qu'elle ne f'roit rien dans le méquier d'actrice publique pour le chant, voulut entrer dans l' commerce et s' mit *lingère à p'tit crochet.* »

Amusemens à la Grecque, p. 42. 1764.

Litron (Gueuse au). Fille de mauvaise vie, de l'espèce la plus vile et la plus commune.

> Tu n'eus jamais de repentir,
> *Gueuse au litron,* vilaine envilainée,
> Au diable t'es abandonnée.

Le Goûter des Porcherons, p. 10. 1750.

« Quand elles en ont tâté, elles s'acoquinent, et par après

deviennent des *gueuses au litron*, et empoisonnent nos garçons. »

Cahier des plaintes et doléances, etc., p. 40. 1789.

Le sens de cette locution est que, le litron étant la plus petite mesure de capacité, et par conséquent celle qui a le moins de valeur, ce qui était dit *au litron*, était considéré comme tout à fait méprisable. C'est ainsi que, dans les *Trois poissardes buvant à la santé du Tiers État*, p. 6 (1789), les personnes de la petite noblesse sont qualifiées de *nobles au litron*. On peut parier que cette locution est tirée de la profession des écosseuses, comme le prouverait assez la *gueuse* désignée dans le premier exemple, laquelle était une écosseuse.

. MAL-AU-DOS. Se dit d'un homme mal élevé, commun, grossier.

BOURGUIGNON.

« A qui en avez-vous donc, notre bonne mère *Rognon?* Croyez-vous que ce soit-là une bride à veaux ?

Madame ROGNON.

« Au diable ! *mal-au-dos;* vous êtes des avaleux de pois gris, vous autres; vous sentez le sac (¹). Mais ça ne se fait pas comme ça, sçavez-vous ? »

Le Porteur d'eau ou les Amours de la Ravaudeuse, comédie, sc. IV; dans les Écosseuses, p. 113. 1739.

Ce mot était dit pour malotru, et par décence, malotru étant populairement prononcé à la manière italienne, ou comme la reine Marie de Médicis prononçait le nom du mari de Mme de Nogent (²).

MALSOIN. Négligé dans sa tenue, malpropre.

« Oui, et je l'avoue que si je sçavois un fondeur assez retors pour faire un lingot d'un *malsoin*, j't'y porterois tout brandy, pour qu'y fassît de toi queuque chose de prope. »

Mme Engueule, sc. II. 1754.

Le peuple parisien dit aujourd'hui *marsouin*.

MAL-VA. Mauvais sujet.

« Eh ! non, celui fit la drôlesse, je ne veux point d'un grand *mal-va* comme vous; vantez-vous-en. »

Les Écosseuses, p, 15. 1739.

(¹) Un sac soi-disant d'écus que sa fille feignait de cacher.
(²) Voyez le Menagiana, t. I, p. 267, 1715.

MARCHAND (Quel)! Quel homme irrésolu! quel tâtonneur! quel grimacier!

> Eh! non, Colin; nanin, voire da, queu *marchand?*
>
> La Noce de village, par de Rosimond, sc. I. 1705.

MARCHAND DE PLIANTS. Se dit d'un personnage qui se vante d'être un grand abatteur de bois, et dont la cognée s'émousse au premier coup.

NIGAUDINET.

« Oh! quoique vous soyez deux femelles, ça ne nous feroit pas peur, non, s'il s'agissoit... Vous m'entendez bien.

Mme TRANCHET.

« Je crois pourtant que je n'y gagnerions guère; car, sans vous insulter, vous avez l'air un peu *marchand de playants.*

> Mme Engueule, sc. IX. 1754.

MARQUENTIN. De marchand; ce qui est propre à cette profession.

« La construction ([1]), en style *marquentin*, c'est une lettre de change tirée par le P... à l'ordre des J... sur la France. »

> Le Déjeuner de la Râpée, p. 12. 1755.

MÉCANISER (Se). Se tromper, être déçu dans la bonne opinion qu'on a de soi.

« Me v'là ben genti, moi ! Ce mariage-là, c'est z'un poignard qui me pique... Je m'étois *mécanisé*, je le vois... Je ne donnerai pas que dans le sesque de ma compétence. »

> Les Cent écus, par Guillemain, sc. XIX. 1783.

Ce verbe est resté dans la langue populaire parisienne, mais en la forme active, où il signifie vexer, gouailler, persifler.

MÉDAILLE DE PAPIER VOLANT.

« Oh! je vas te faire voir à qui tu parles : va, *médaille de papier volant* vis-à-vis de l'hôtel des Ursins, tiens-toi ben. »

> Les Raccoleurs, sc. XVIII. 1756.

Il paraît que le côté de la rue des Ursins, dans la Cité, opposé à l'hôtel de ce nom, était hanté habituellement par les gens pour qui nécessité n'a point de loi. Cela me dispense

---

([1]) La Constitution *Unigenitus*. Le P... est pour le Pape, et J.... pour Jésuites.

d'expliquer ce que l'auteur entend ici par ce qui est appelé ailleurs *(Poissardiana*, p. 46. 1756), *médaille des Pays-Bas.*

MERLAN BLEU. Poisson d'avril, ou maquereau.

« Quelques étourdis, par raillerie, m'appelloient *merlan bleu,* ce qui vouloit dire en leur langage (¹) poisson d'avril. »

Les Maistres d'hostel aux Halles, p. 31. 1670.

MIRLIROT (Dire du). Se moquer, se ficher de.

Tout est pour nous moins qu'un zéro.
Et j'en *disons du mirliro.*

Première Harangue des Habitans de Sarcelles à Mᵍʳ l'Archevêque de Sens. Avril, 1740; dans Pièces et Anecdotes, Iᵉ Pⁱᵉ,
p. 293.

« Quand je vois comme ça qu'une fille dont la mère lui dit : Babiche, faut aller au catéchisme, et qu'on vous répond : Fort peu de ça; *j'en dis du mirlirot.*

Les Écosseuses, p. 55. 1789.

JANIN.

« Ne me connais-tu poen? As-tu romblié que je sis Janin.

PIAROT.

« Jarnigué, Janin ou Jannette, *j'en dy du mirlirot.* »

Nouvelle et suitte de la cinquiesme partie de l'Agréable Conférence de Piarot et Janin, p. 6. 1651.

Je pourrais citer encore d'autres exemples de cette singulière locution, car ils sont nombreux, mais je m'en tiens à ces trois-là dont le sens est partout le même et ne laisse pas d'équivoque.

Mirliro, au jeu de l'hombre, est la réunion de deux noirs, celui qui les a, reçoit deux fiches, s'il gagne, et en paye deux, s'il perd.

Mirliro ou *Mirlirot* est en outre le mélilot, plante papil-
lionacée et odorante, dont le nom est ainsi travesti dans le langage populaire parisien. Cotgrave le dit formellement : « *Mirlirot as Mélilot,* parisien. » Mais, contrairement à son habitude, le lexicographe ne cite pas la locution populaire dont ce mot fait partie. Elle était cependant connue de son temps,

---

(¹) En langage de laquais.

comme le prouve notre troisième exemple, tiré d'une pièce qui date de 1651. Quoi qu'il en soit, on ne saurait assurer lequel de *mirliro*, terme du jeu de l'hombre, ou de *mirlirot*, forme corrompue de mélilot, a suggéré au peuple parisien l'idée de le choisir comme expression fondamentale d'un dicton méprisant. Il y aurait plus de probabilité en faveur de la plante; car les ménagères s'en servaient communément pour parfumer leurs lessives, et on la faisait infuser pour s'en baigner les yeux, quand ils étaient malades. L'un et l'autre produisaient peut-être si peu d'effet, qu'il en eût été absolument de même sans cela; de là le mépris dont étaient à la fois l'objet, et de pareils moyens, et ceux qui n'ont pas de meilleurs résultats; de là le mot consacré pour l'exprimer et qui, bien qu'emprunté à une circonstance particulière, est devenu d'une application générale.

MIRANCU. Apothicaire.

« Respect au capitaine *Mirancu!* Qu'il aille coucher ailleurs; car s'il s'avisoit de jouer de la séringue, nous n'avons pas de canessons pour l'en empêcher. »

> L'Apotichaire empoisonné; dans Les Maistres d'hostel aux Halles, p. 292. 1671.

MITE. Remords, au figuré.

« Apprens que j' somm' honnête femme, qu'i n'y a pas un cheveu à ôter d' ma tête, et que j' n'ons fait tort d'un iard à personne. C'est ton *mite*, tu n'en peux pas dire autant. »

> Amusemens à la Grecque, p. 16. 1764.

C'est comme si l'on disait : c'est ton ver rongeur, le nom de mite étant donné à des larves d'insectes, surtout de papillons nocturnes du genre teigne, qui rongent les étoffes.

MOULE A POUPÉE. Mal tourné, mal bâti.

« Ah! ah! ah! c' grand benet! a-t-il un air jaune... Dis donc hé! c' *moule à poupée*, qu' veux-tu faire de cette pique? »

> Riche-en-gueule, p. 83. 1821.

MOULIN DE LA HALLE. Pilori.

> Mais pour qu'à l'avenir tu fass' mieux ton devoir.
> Fais réguiser ta langu' sur la pierre infernale,
> Et puis j' te f'rons tourner au *moulin de la Halle.*

> Amusemens à la Grecque, p. 5. 1764.

Œil (A l'). A crédit.

Rendre *à l'œil* un objet, une marchandise quelconque, c'est, en langage populaire, prendre l'un ou l'autre à crédit, et assez communément, avec le dessein de ne pas payer. Les négociants de cette dernière espèce sont un peu de la race des escrocs; ils exercent sans patente, et ne payent d'impôts qu'à la prison. Je ne sais pourquoi ils ont choisi ce terme pour désigner une industrie; ils ne l'ont pourtant pas inventé; ils en ont seulement faussé le sens, en l'accommodant à leur usage.

L'œil est celui de nos organes le plus fertile en applications métaphoriques. La tendresse et la haine, l'attention et la légèreté, la candeur et la ruse, la bonté et la malice, l'intelligence et la stupidité, toutes les passions enfin les plus vives et les plus tumultueuses, comme les mouvements les plus doux et les sentiments les plus délicats, on lit cela dans l'œil de l'homme; et il suffit d'un mot, accompagné de quelques épithètes, pour exprimer et faire comprendre tout cela. Ce n'est que dans ces temps modernes qu'on s'est avisé d'en faire le garant d'une dette contractée avec plus ou moins de bonne foi, en un mot un répondant.

Développons un peu cette matière.

Les Romains avaient une manière charmante de qualifier soit une personne aimée véritablement, soit une personne indifférente, mais qu'on avait intérêt à flatter ou à caresser : ils l'appelaient « mon œil », *ocule mi;* « mon petit œil » *ocelle mi;* « mon très œil », si l'on peut dire, *oculissime.* Toutes ces expressions sont dans Plaute et dans Térence. Je ne sais si les Grecs ne disaient pas aussi ὀφθαλμίδιον, pour *ocelle mi* (¹); ils disaient certainement ἐν ὀφθαλμοῖς ἔχειν, aimer comme ses yeux, expression que nous avons également. Notre poëte Desportes a dit :

> Médor qui tenoit seul sa pensée asservie.
> Son cœur, son *petit œil*, son idole, sa vie.

Quelques-uns pensent que prendre un objet *à l'œil*, pourrait bien équivaloir à : prendre d'amitié, sans façon, et comme on

(¹) Ce mot est dans Aristophane Ἱππεῖς, v. 905; mais non pas pourtant dans ce sens.

en use à l'égard des amis, entre lesquels, dit-on, tout est
commun. Mais il ne faut pas envisager cette conjecture avec
trop de complaisance.

Voyons-en d'autres.

L'œil *des tailleurs* était autrefois le nom d'un coffre où ils
mettaient le reste du drap des habits faits à façon. Quand on
leur redemandait ce drap, « ils juroient, dit Oudin, de n'en
avoir non plus de reste qu'il en pouvoit tenir dans leur œil. »
De là, a-t-on dit, l'origine de notre dicton. Je suis d'avis de
traiter cette origine, tirée de la probité des tailleurs, plus sévè-
rement encore que leurs mémoires, c'est-à-dire d'en rabattre,
non pas seulement une partie, mais le tout.

On allègue encore une habitude peu connue de la bonne
société, mais assez répandue dans la mauvaise, qui consiste
à lorgner une chose ou une personne avec une pièce de monnaie
qu'on remet en poche, *avant* de payer. Il n'est pas dit d'ailleurs
si l'on paye après, ou si l'on ne paye pas du tout. Envoyons
cette dérivation occuper le logement de la pièce de monnaie,
et faisons une couture à la poche, afin qu'elle n'en sorte plus.

« Faire quelque chose *à l'œil* » pour obéir, est une locution
que je ne voudrais pas déclarer impropre ; elle veut dire, faire
à commandement. On ajoute *au doigt*, et l'on dit : faire ou obéir
au doigt et à l'œil.

Saint-Paul s'est servi deux fois d'une expression grecque
qu'il a forgée, ὀφθαλμοδουλεία, « service de l'œil, » analogue à
la française, mais dont il fait un usage tout différent. C'est au
chapitre vi de l'Épitre aux Éphésiens, et au chapitre iii de
l'Épitre aux Colossiens. Dans ces deux passages, il avertit les
serviteurs de rendre à leurs maîtres les devoirs et l'obéissance
auxquels ils sont obligés envers eux, mais il leur défend « le
service d'œil ou à l'œil. » Nous disons au contraire, parlant
d'un maître qui est bien servi, qu'il l'est *au doigt et à l'œil*.
« Cette contrariété, dit H. Estienne (¹), vient de deux divers
respects, ou diverses intelligences d'une même manière de
parler ; car quand Saint-Paul défend de servir *à l'œil*, il défend
de servir tellement qu'on craigne de faillir, seulement de peur
d'estre veu et aperceu. » Si j'entends bien l'interprète, Saint-

_____

(¹) *Conformité du langage français avec le grec*, Introduction.

Paul veut mettre les serviteurs en garde contre les susceptibilités de l'amour-propre.

Ces exemples font assez voir (car j'en omets bien d'autres), quelles variétés de sens peut recevoir le même mot, selon les temps et selon les peuples. Il n'est donc pas étonnant si le nôtre tient de l'imagination du peuple une acception de plus, et si elle est malhonnête. C'est une des plus fortes tendances du langage populaire, que de s'approprier certaines formes de la langue générale, d'imposer aux plus nobles un sens ignoble, aux plus clairs un sens équivoque, de les travestir enfin de telle sorte qu'elles disent ou tout autres choses, ou précisément le contraire de ce qu'elles disent en effet. C'est peut-être conformément à cette tendance que *à l'œil*, dont la vraie signification est *à commandement*, signifie populairement *gratis* ou a crédit, selon l'intention qu'on a de payer ou de ne pas payer.

A l'œil, pris exclusivement dans le sens de crédit, a donné lieu à une autre locution aussi spirituelle que juste, et qui mériterait presque, Dieu et les puristes me pardonnent! d'être du bon style : c'est *ouvrir un œil*. Quand un ivrogne a épuisé son crédit chez un marchand de vin, il *ouvre un œil* ailleurs, c'est-à-dire un nouveau crédit chez un autre marchand. De même, quand il s'est libéré de son premier *œil*, le marchand de vin consent à lui en *ouvrir* un second. Mais il arrive souvent aussi que ce même ivrogne oublie de payer partout, alors tous les marchands de vin qu'il a dupés, lui *ferment l'œil*. Ainsi mis à l'index, au moins dans son quartier, il est certaines rues où il n'ose pas seulement se montrer, et si quelqu'un, dans un but de simple flanerie, l'engage à passer par une de ces rues, il répond *qu'on la pave*, c'est-à-dire qu'elle est barrée. Ce pavage, ce sont ses créanciers.

Je terminerai par cette petite scène de la police correctionnelle, qui confirme ce que je viens d'avancer [1].

« Corel est un des chiffonniers les plus typiques que nous ayons vus s'asseoir sur le banc de la police correctionnelle.

« Condamné par défaut à treize mois de prison pour escroquerie, il a formé opposition au jugement.

---

[1] Gazette des Tribunaux du 28 septembre 1863.

« *Alexandre Calais*, marchand de vin, expose ainsi les faits :

« M. Corel avait l'habitude de venir prendre des gouttes à la maison ; il payait d'ordinaire au fur et à mesure ; le voilà qui se met à me devoir cent sous ; mais il me dit qu'il avait fait un héritage, et j'*ouvre l'œil* jusqu'à 20 francs.

« *Corel*, avec un geste magnifique : Onze ! vous l'avez *ouvert* d'onze seulement, monsieur Alexandre !

« *Le témoin.* Ça ne fait rien. Alors je lui réclame mon argent, et il me dit : « C'est pas tout ça : c'est pas un héritage que j'ai, » c'est deux ! » Alors j'*ouvre l'œil* de 40 francs.

« Le lendemain il me dit : « C'est pas tout ; j'ai encore le gros » lot. On va vendre le bataclan ; il me revient 1265 francs ; le » compte est fait, net, là, recta ! » A partir de ce moment-là, il ne travaille plus, ne faisant que boire et manger.

« Moi je lui disais : « Eh bien ! voyons, cet héritage, quand » le touche-t-on ? — « Je vas aller chez le notaire, » qu'il me dit. Il va chez le notaire, et revient furieux : « En v'là une affaire, » qu'il me dit : il ne me revient plus que 700 francs ; ils m'ont » rabattu un tas de factures d'épicier, et on me remet à huit » jours pour me donner ce qui me revient. »

« Moi, comme il me montrait des lettres sur son héritage, j'étais tranquille. Alors, huit jours après, je lui dis : « Allons » ensemble chez le notaire. — Je veux bien, » qu'il me dit. Alors il déjeune à la maison, et puis après : « Préparez-vous, » qu'il me dit, pour venir chez le notaire. Moi, je n'ai pas des » effets assez *roublards* (¹), je vais en emprunter. » C'est bon, nous convenons de l'heure ; je l'attends toute la journée ; le soir, je reçois une lettre dans laquelle il me dit qu'il ne lui revient rien de son héritage. J'étais refait. »

OIGNON (Par la vertu d'un) ! Sorte de jurement.

> Mais *par la vartu d'un oignon*,
> Ils sont mariés environ
> Comme l'est l'évêque de Chartres
> Avec l'abbesse de Montmartres.

Deuxième Harangue des Habitans de Sarcelles à Mgr l'Archevêque de Sens ; mai, 1740 ; dans Pièces et Anecdotes, Ire P^{ie}, p. 354.

(¹) Assez cossus, distingués.

Un siècle auparavant, les dames de la halle, à qui apparte-
tenait naturellement le privilège de prendre à témoin de leur
bonne foi un de leurs légumes les plus en crédit, juraient *par
la tête aux oignons.*

> Derrière, maintes harangères
> Crioient : *Par la teste aux oignons !*

Agréable récit de ce qui s'est passé aux dernières barricades,
p. 15. Paris, 1649.

OISEAUX (Aux). Très-beau ou très-bon, excellent, parfait.

« Ça m'paroît bien tapé, *aux oiseaux*, mamzelle. Fourrez
un peu la main sous l'empeigne pour voir tout l'fini d'l'ouvrage. »

Le Galant Savetier, comédie par Saint-Firmin, sc. I. 1802.

ORDRE DE MAITRE JEAN-GUILLAUME. Corde de potence.

> Noël Guillaume ([1]) d'une adresse
> Qui ne sent pas son écolier,
> L'enchevellera ([2]) de ce collier
> Qu'avecques périphrase on nomme
> *L'ordre de maistre Jean Guillaume.*

La Catastrophe burlesque sur l'enlèvement du Roy, p. 11,
Paris, 1649.

PAGE PUBLIC. Commissionnaire, crocheteur et décrotteur
tout ensemble.

« Ton frère aîné est un grateux de ruisseau, et ton cadet est
page public. »

Le Goûté des Porcherons, p. 13. 1755.

« Ton fils est *page public*, il porte un nœud d'épaule de bois ([3]),
sur quoi il décrotte les souliers de ses pratiques. »

Le Déjeuner de la Râpée, p. 22. 1755.

PAIN PERDU. Peine perdue.

« Elle eut beau le tintamarer, le tarabuster, sabouler, pisser
des yeux, c'étoit *pain perdu;* quand l'eau bénite est faite, il n'y
a plus à y revenir. »

Les Ecosseuses, p. 32. 1739.

([1]) Fils de Jean Guillaume, le bourreau.
([2]) Enchevêtrera.
([3]) Boîte à brosses et à cirage.

Le *Pain perdu*, est proprement de la brioche frite. On trouve ce mot pris dans ce sens à la fin de XIVᵉ siècle. Il est dit dans des *Lettres de grâce* de 1384 : « Lequel exposant leur respondi que il ne leur avoit que donner fors un pain blanc et du burre;... et lors entrèrent ou dit hostel, disant que ilz en feroient du *pain perdu*. » (¹). Mais le mot et l'usage ne paraissent avoir été connus que dans quelques provinces. Dans la bouche du peuple de Paris qui l'ignorait, *pain perdu* n'est que la forme parodiée d'une locution vraie.

PAMPINE. Bouche avec de grosses lèvres et baveuse.

« Et toi, où qu't'iras, vilaine *pampine*, figure à chien, tête de singe, matelas d'invalide ? »

Riche-en-gueule. p. 25. 1821.

« Y veut faire son queuqu'z'un avec sa mine de porichinelle; son corps est comme une flûte traparcière, son nez d'perroquet, sa bouche comme les *pampines* d'une vache qu'a la foire. »

Ibid., p. 30.

De ces deux applications différentes dans le même écrit, d'un même mot, l'une à la personne, l'autre à la chose, j'ai tiré l'interprétation que j'en ai donnée. Quant à l'origine de ce mot, je ne la connais pas. Peut-être est-ce une corruption de *babines*.

PAPILLONS D'AUBERGES. Coups de poing, soufflets.

Bientôt à défaut de flamberges
Volent les *papillons d'auberges*;
On s'accueille à grands coups de poing
Sur le nez et sur le grouin.

Les Porcherons, chant III, dans Amusemens rapsodi-poëti-ques, p. 147. 1773.

PARLEMENTAGE. Langage bon ou mauvais; langage du palais ou des gens de robe. En bon français, c'est l'action de parlementer avec l'ennemi.

« Le *parlementage* des ordurières de la halle. »

Poissardiana. *Dédicace*. 1756.

(¹) Du Cange, éd. Didot, au mot *Panis*, p. 57, col. 1.

Un méchant bailli de malheur
S'avisi de rendre eun' sentence
Pour nous établir un tuteur,
Rian qu' pour régir not' pauve biau,
Qui nous coûtait cent francs par au
Que j'ons payé sans rian rabattre,
Et si j'ons disputé comm' quatre.
C't intérêt maugi l' principal;
N'est-c' pas l' chemin de l'hôpital
Des mineurs qui sont en bas âge?
Mais si j' savions l' *parlementage*,
Tous ces Messieux qui ont d'l'honneur,
Auriont réparé not' malheur,
En empêchant tout' leux malice
Par la bonté de leux justice.

Les Citrons de Javotte, p. 14, 15. 1756.

On disait aussi *parlement*, pour langage, conversation, colloque, et *parlementer* pour parler. Voyez mon *Étude sur le langage populaire de Paris*, p. 311.

PARLER COMME LA SERVANTE A PILATE.

« Comme elle enfile sa gueule! Ça n' finit pas; ça *parle comme la servante à Pilate.* »

Le Goûté des Porcherons, p. 28. 1755.

Allusion à la servante qui, dans la cour du souverain sacrificateur, demanda avec insistance à Saint Pierre, « s'il n'était pas avec Jésus, de Nazareth? » Je n'ai trouvé ce dicton indiqué nulle part.

PAROLI. Parole, style, discours, son de la voix, langage en prose, par opposition au langage en vers. Voici des exemples de ces cinq significations :

« On ne donne plus dans le panneau de vos *parolis*. »

Cahier des plaintes et doléances, etc., p. 49. 1789.

« I' n' fait donc pus son journal. C'était stila qu'avait un joli *paroli!* »

L'Intérieur des comités révolutionnaires, par Ducancel, act. II, sc. VII. 1795.

« Il ne te manque plus que de faire le *paroli* d'entrée aux États généraux. »

Les Trois poissardes buvant à la santé du Tiers État, p. 9. 1789.

Ce mot est encore en usage chez les Picards, dans le même sens.

« J'faisons plus d'contenance d'un filet d'vote *paroli* que d'un tas de jazeux qui s'faisont gros comme des bœufs, à cause qu'ils avont pour deux yards d'inloquence. »

Vadé. Lettres de la Grenouillère, lett. xiv. 1755.

« Entonnage des différents couplets qui entrelardent note *paroli* journalier,... pour la facilitance des personnes distillées dans la musique. »

Idem. Le Paquet de mouchoirs, 1re page des airs notés. 1750.

PART. Bonté, obligeance.

Madame BAGUEL.

« C'est-t'y parler, Ça? Monsieux, j'pense tout de d'même que comme vous.

M. DE LA SONDE.

« Ma comère, c'est un effet de... de votre *part*. »

Vadé. Fragment d'une pièce inachevée.

« Oui, il est tout-à-fait intéressant. -- Ah, Monsieur, c'est une marque de votre *part*. »

Janot chez le dégraisseur, par Dorvigny, sc. xvi. 1779.

Cette locution est encore des plus familières au peuple parisien.

PISTOLET DE MANŒUVRE. Pierre ou caillou.

« (Ils) chassèrent le sergent et tous ceux qui étoient avec luy, à grands coups de pierres que ces palots nommoient des *pistolets de manœuvres*. »

L'Apotichaire empoisonné, dans les Maistres d'Hostel aux Halles, p. 302. 1671.

PLEUTRE. Homme sans dignité, sans courage, sans considération.

Le Dictionnaire de l'Académie est un grand seigneur qui ne s'encanaille pas souvent et pas aisément. Il en est de lui comme de certains Chapitres d'Allemagne, où nul n'est admis, s'il n'a fait preuve au moins de quatre quartiers de noblesse, tant du côté paternel que du côté maternel. Les mots nouveaux se morfondent longtemps dans ses antichambres, avant d'être introduits. Tout ce qui sent le parvenu, est tenu à distance. Si pourtant il en pénètre par ci par là quelques-uns, c'est, ou en prenant la livrée des mots comme il faut, ou, comme saint Yves, à la faveur de quelque bon tour. On sait que le patron des procureurs, n'ayant pu obtenir de Saint Pierre d'entrer dans le paradis, y jeta son bonnet, et qu'ayant reçu la permission d'aller le chercher, il ne voulut plus sortir. Le mot *pleutre*, s'est jeté, lui, de toute sa personne, dans le palais Mazarin, et y est resté. L'occasion était excellente ; l'Académie venait d'achever la définition du mot *pleurs*; elle était sur le point de passer au mot *pleuvoir* qui le suivait jusqu'ici dans l'ordre alphabétique, lorsque *pleutre* fit valoir ses droits. Il déclara qu'étant reçu partout, même dans les meilleures compagnies, il ne voyait pas pourquoi celle où il se présentait, un peu sans façon, il est vrai, se montrerait plus difficile. Il ajouta qu'un jour son emploi ne serait pas dédaigné, même des membres de l'illustre corps. Ainsi il prédit que M. E. Augier écrirait ce vers élégant :

Elle doit me trouver un bon maintien de *pleutre*,

et M. Oct. Feuillet cette phrase si profondément philosophique :

« Que de *pleutres* on voit aujourd'hui rouler carosse? »

Là dessus, on crie *aux voix!* Trois ou quatre collets montés votent contre, le reste vote pour ; *pleutre* est admis. Dès lors, tous les dictionnaires interlopes lui ouvrirent leurs colonnes. Il portait le plumet de l'Académie, et il n'y a pas de scrupules qui tiennent contre un plumet.

Un *pleutre*, suivant l'Académie, est un « homme sans courage, qui ne mérite aucune considération. » Cette définition est la bonne; elle donne le sens que *pleutre* avait primitivement. Car, avec son air de nouveauté (et il est en effet nouveau dans la langue française), *pleutre* est ancien dans le patois, et ce patois est le picard. Il y signifie poltron, mou, énervé. De même dans le wallon où il s'écrit *pleutt*. A Paris et dans plusieurs provinces, il a un sens différent, quoique très-étendu ; il comprend à la fois le caractère, l'extérieur, la position sociale et les manières. D'un homme ou grossier, ou mal vêtu, ou parvenu, ou d'habitudes vulgaires, on dit, c'est un *pleutre*. Il n'y a que les Wallons et les Picards qui le prennent au sens de poltron. Or, le dialecte picard, grâce surtout aux écrits des trouvères, eut, comme personne ne l'ignore, une influence immense sur la langue française; le génie clair et méthodique de ce *jargon*, ainsi que l'appele Rivarol, ses mots, ses tours, et même sa prononciation un peu sourde, dominent aujourd'hui dans cette

langue. Ce n'est pas la faute du picard si les mots qu'elle en a
tirés ont plus ou moins changé de signification, et si, comme
font les voleurs, elle a dénaturé ce qu'elle a pris. Avec un peu
d'attention, on découvre le larcin, et sous les changements qui
la déguisent, on retrouve la physionomie primitive de la chose
volée. C'est ce qui a lieu pour *pleutre*. Le sens qu'il a en picard
est le sens vrai, et, si je ne me trompe, il est pleinement justifié
par l'étymologie.

Pleutre me semble venir en effet, ainsi que le mot *poltron*
lui-même, soit du bas latin *pullitra*, poulliat, poulette, soit de
pulletrum, peutrel ou poulain. Que le caractère de la volatile
et du quadrupède soit tel que l'implique le mot *pleutre*, dans
le patois picard, c'est ce que personne, je pense, ne contestera.
Il y a plus, *peutrel*, jeune cheval et *pleutre* sont le même mot,
sauf la transposition de la lettre *l*.

> Le fiert si dedens le chastel
> Qu'il le tresbusche du *peutrel*.
>
> *(Partonopes de Blois)*.

PONT-TORCHON (Demoiselle du). Chiffonnière.

> Mais passons promptement au reste,
> Au plus plaisant, au plus burlesque ;
> Voyons les dames aux chiffons,
> *Damoiselles du pont-torchons*.

Le Passe-temps de Ville-Juif, en vers burlesques, p. 6. Paris,
1649.

Pont-torchon est une altération préméditée de Pontorson,
ville du département de la Manche, où l'on fabriquait alors,
et où l'on fabrique encore aujourd'hui des toiles, élément principal des torchons et des chiffons. Ce qui confirme mon sentiment est la qualification de *mademoiselle de Pont-orson* donnée
par une marchande de poisson à une bourgeoise qui dépréciait
sa marchandise :

« Parle, hé ! Parrette ! N'as-tu pas veu madame Crotée,
mademoiselle du Pont-Orson, la pucelle d'Orléans ? Donnez-luy
blancs draps à ste belle espousée de Massy (¹) qui a les yeux
de plastre. »

Nouveaux complimens de la place Maubert, dans Variétés
historiques et littéraires, p. 231. Éd. Jannet.

PORTRAISSE. Portrait, en parlant de celui d'une femme.

« L'Amour dont vous êtes la vraie *portraisse*. »
Poissardiana, p. 17. 1756.

Cette tendance du peuple de Paris à féminiser les substan-
tifs masculins, lorsqu'ils s'appliquent à une femme, subsiste
encore. En voici une preuve toute récente :

« Vous ne savez sans doute pas de combien de façons on
peut écrire : *De profundis ?*

» Un marbrier a bien voulu nous renseigner à cet égard, et
voici les différentes variantes qui lui sont passées sous les yeux :

» Deprofundis (d'un seul mot).

» De pronfondis.

» Des profundis.

» Des profundis (pour les hommes), et Des *profundises* (pour
les dames).

» Voilà ! »
Le *Figaro*, 25 mars 1872.

POULET D'IVOIRE. Poulet d'Inde.

NANETTE.

« R'mercie, mon fils.

FANCHON.

« Ben obligé, mon enfant.

LOUISON.

« Merci, mon p'tit cochon d'lait.

JAVOTTE.

« Ben obligé, mon *poulet d'ivoire*. »
Vadé. L'Impromptu du cœur, Sc. vi. 1757.

Si j'interprète ce mot par poulet d'Inde, c'est qu'*ivoire*, dans
le langage populaire parisien, était synonyme d'*Inde*, c'est-à-
dire du pays dont on tirait l'ivoire, tout comme on appelait
inde tout court, et la couleur bleu d'azur qu'on tire de l'indigo,
et le bois d'Inde ou le bois de Campêche. Le compliment de
Javotte à Louison est d'ailleurs la juste réciproque du compliment de celle-ci, et c'est par métaphore qu'elles se traitent
l'une et l'autre de bêtes ou d'imbéciles.

L'auteur d'une mazarinade intitulée *Le Ministre d'Estat
flambé* (1649) parle du poulet d'Inde et du cochon, comme
ayant tout à fait disparu de la table des petits bourgeois et
du peuple, pendant le blocus de Paris.

Le poulet d'inde et le cochon
Ne leur doivent plus rien de rente ;
Marotte, Cataut et Fanchon
Qui vendent jusqu'à leur manchon
Y sont vaines tables d'attente.

POURPOINT (A bride-). A brûle pourpoint.

« Cheux les grands on n'entre pas à *bride-pourpoint* comme cheux nous. »

L'Amant de retour, coméd. par Guillemain, Sc. VIII. 1782.

PUER BON. Sentir bon.

« Faudrait être comme toi... un espion des c.. mal torchés, pour ne pas *puer bon*. »

Poissardiana, p. 40. 1756.

.... Ces gens-là, tant qu'ils sont, s'en sarvons
Pour avoir bonne mine, et pis cor pour *puer bons*.

Les Préjugés démasqués, en vers patois sarcelois, p. 30. A Port-Mahon, 1756 in-12.

QUEM (Faire de son). Faire l'important.

« J'étions plus citoyens actifs... que les marchands d'motions qui *faisont* tant *de leur quem* dans leux tric-tric ([1]). »

Journal des Halles ajusté, ravaudé et repassé par M. Josse, écrivain à la Pointe Saint-Eustache, auteur du Cahier des plaintes et doléances des dames de la Halle, N° II, p. 4. 1790.

QUEUQU'UN. (Faire son). Même signification.

« N'ont-ils pas à craindre que je *fasse mon queuqu'un*? »

Boniface Pointu, com. par Guillemain, sc. II. 1782.

« Y veut faire *son queuqu'z'un* avec sa mine de porichinelle. »

Riche-en-gueule, p. 30. 1821.

QUILLE (La)! Sorte d'interjection.

MARGOT.

« Quand j'aurai reçu tout le restant, ma mère, nous verrons ça.

BOURGUIGNON.

« Je n'ai pas besoin du reste, moi ; je ne suis pas difficile.

Madame ROGNON.

« Oui, *la quille?* »

Le Porteur d'iau, sc. IV, dans les Écosseuses, p. 112. 1739.

([1]) District.

Cette expression paraît avoir ici un sens de doute, d'incrédulité railleuse ; mais je n'en devine pas l'origine. Peut-être est-ce une allusion à quelque coup du jeu de quilles, où j'avoue d'ailleurs ne rien connaître ; peut-être aussi n'est-ce que pour faire écho à la syllabe finale du mot *difficile* prononcé par Bourguignon : manière de railler qui est aussi dans les habitudes du populaire parisien. En voici un autre exemple :

MARGOT.

« T'as la gueule bin forte aujourd'hy ; c'est paceque tes cheveux couleur de feu ont échauffé ta *tête* ?

La BLONDE.

« Oui, grosse *bête*. »

Amusemens à la Grecque, p. 15. 1764.

QUINZE-VINGT RETOURNÉ. Aveugle *retourné* à la vue. Au figuré, un homme qui s'abuse et à qui l'on fait voir clair. C'est dans ce sens que cette locution est employée dans le passage qui suit :

JÉRÔME.

« Ma foi d' Dieu, ça fait d' bons lurons qui ont l'odeur du gousset (¹) chenument forte ; falloit les gruger de la bonne faiseuse.

MARGOT.

« T'a bin fait de n' pas t'y jouer, car ils ont la clef de l'autre monde (²) au c.., et tu aurois pu leur servir de serrue.

JÉRÔME.

« Des bons ! s'ils sont tapageux, j'sommes bacanaleux ; j'nous serions travaillés d'la bonne magnière... Quin, vois-tu ces poings, y n'sont pas d'paille ; quand j'sommes seul, j'veut être un chien, j'battrois tout le monde.

La BLONDE.

« Finissez donc, mauvais, crainte qu'on n'vous fasse r'cevoir Quinze-vingt *retourné* (³). »

Ibid. p. 25.

RADOT. Ragot, bavardage, conte de portière.

« Ce sont de ces vieux *radots* qu'il faut leur passer. »

(¹) Voyez *Gousset*.
(²) Une épée.
(³) Voyez ci-devant *Champignon retourné* et *Diable retourné*.

La Journée des dupes, comédie, par Puységur et Bergasse,
Sc. VIII. 1790.

C'est sans doute une apocope de *radotage*.

RAGOUT DE POITRINE. Les seins.

« T'as encore une belle nature pour parler d'z'autres ! Est-ce
parce que j'n'ons pas d'*ragout d'poitrine* sus l'estoma ? J'ons la
place, plus blanche que la tienne, et j'n'y mettons pas d'chiffons comme toi. »

Amusements à la Grecque, p. 14. 1764.

RAMPONEAU. Ivre.

« Mais il n'est pas si *ramponeau* que je le croyois. »

Le Mariage de Janot, par Guillemain, Sc. II. 1780.

RASOIR (Faire). Oter quelque chose de manière à ce qu'il
n'en reste pas la moindre trace. Il ne s'emploie qu'imperson-
nellement : *ça fait rasoir.*

« J'savons qu'il y a des couyons ben placés... Pour ceux-là,
ça *fera rasoir.* »

Journal des Halles, N° II. p. 7. 1790.

Mangeux de tout, excepté l'tien,
Car tu n'as rien ; ça *fait rasoir.*

Riche-en-gueule, p. 17. 1821.

RE. Particule prépositive et réduplicative, au moyen de
laquelle on donne au verbe un sens itératif, alors même que
dans ce verbe, comme reluire, rétrécir, ce sens n'est pas indiqué d'une manière évidente. Elle marque répétition, comme
dans redire, revoir et rétroaction, comme dans réagir, repousser. Elle a encore d'autres applications et d'autres effets pour
lesquels je renvoye le lecteur aux grammairiens et au dictionnaire de M. Littré.

Nombre de verbes ont reçu aussi cette particule sans nécessité, c'est-à-dire sans perdre pour cela leur signification simple, et sans y ajouter. Ils l'ont reçue du langage populaire de
qui l'a prise la langue générale, laquelle eut pu lui en prendre
davantage, mais qui, témoins les exemples qui suivent, n'a
pas eu tort de s'en tenir là.

RECALÉ. Calé, bien fait, bien tourné.

« Tu fich' donc d'la gouille, monsieur Cadet, avec ta lettre
r'*calée?*... J'voulons bin satisfaire ta curiosité et t'raconter
c't'aventure qui m'a prouvé ce p'tit voyage à Marseille. »

Réponse de La Ramée à la lettre de cadet Eustache, dans les Amusemens à la Grecque, p. 42. 1764.

RECOMPARER. Comparer.

>Mais, morguié, Sire, tous ces gens
>Ne sont cor qu'apprenti-vaurians
>Quand ce viant qu'on les *recompare*.

Harangue des Habitans de Sarcelles au Roi (juin 1733), dans Pièces et Anecdotes, 1e P^{ie}, p. 432.

RECONCLURE. Conclure.

« Je consens que Mosieu vote père vienne *reconclure* avec le mien. »

Poissardiana, p. 14. 1756.

REFUMES. Allâmes.

« Nous autres... je fîmes comme les médecins de village, je nous en *refûmes* à pied. »

Les Écosseuses, p. 19. 1739.

REGOUT. Dégoût, déplaisir.

>V'là c'que c'est que d'fair' trop la fière ;
>Falloit pas ly bailler du *r'goût*.

Vadé. Jérôme et Fanchonette, sc. XIV. 1755.

>Et vous m' donnez t'aujourd'huy ben du *r'goût*.

L'Espièglerie amoureuse ou l'Amour matois, opéra-comique, sc. II. 1761.

REGOUTER. Dégoûter, rebuter.

« Rien n' les *r'goûte* ; tout leur convient. »

Vadé. Le Paquet de mouchoirs, p. 25. 1750.

On remarquera, dans ces deux exemples, que la particule *re*, au lieu de marquer itération, marque inversion du sens de goût et goûter, et est rétroactive au lieu de progressive.

Il n'en est pas de même dans cet autre exemple où *re* est augmentatif sans raison :

« Je vous parmettons de deviner ce que mon cœur peut *regoûter*, après tant de gracieusetés de vote part. »

Poissardiana, p. 19. 1756.

REMAGNER. Manier brutalement, battre, rosser.

>Mais quand un chien (¹) je *remagne*,
>C'est assez de mes deux bras.

_____

(¹) C. a. d. un individu quelconque.

Vadé. Le Paquet de mouchoirs, p. 44. 1750.

REMOTIF. Motif.

« S'il est bian du bon vrai que vous vouliez coler vote piau à la mienne ([1]), par un bon *remotif*, etc. »

Poissardiana, p. 14. 1756.

REMOUCHER. Espionner, formé de *mouche*, espion.

« Tandis que je le *remouchions* à la Porte Saint-Denis, il est sorti par la barrière des Gobelins. »

Les Boîtes ou la Conspiration des mouchoirs, par Bizet, sc. III. 1795.

REPOUSSER. Pousser.

« Vous m'dites que vous m'aimez bien... c'est p't'être d'la gouaille que vous me *r'poussez ?* »

Vadé. Lettres de la Grenouillère, lettre IX.

RESPÉRER. Espérer.

« Je vous prions, Monsieur Nigaudet, d'oublier ce qui sort d'arriver, en *respérant* sur l'avenir. »

Madame Engueule, Sc. IV. 1754.

ROUBLIER. Oublier.

> Que nostre petit roy Louis,
> Son frère et toute sa famille,
> Revienne dans sa bonne ville,
> Sans *roublier* avec raison
> Les plus rutils de la mairon,
> Sa mère, son oncle et sa tante,
> Et Mamoirelle, sa parante.

Suitte de la Gazette de la place Maubert, p. 13. 1649.

La particule *re* n'a rien à voir ici. C'est l's finale de sans, qui se liant, dans la prononciation populaire, avec la voyelle initiale d'oublier, prend le son de *r*, comme elle le prend ordinairement devant toute voyelle et même dans le corps du mot. Ici encore on en a la preuve, *rutil, mairon, mamoirelle* ([2]).

ROUTE (Mettre au). Disperser, rompre, détruire.

([1]) M'épouser.
([2]) Voyez mon *Étude* sur le patois parisien, p. 210 et s.

« Vous avez beau dire, ... faut que tout ça soit *f...u au route*, qu'i n'en reste pu miette. »

Le Drapeau rouge de la Mère Duchesne contre les factieux et les intrigants, Ier Dialogue, p. 10. 1792.

C'est l'ancien mot *roupte* venant de *rupta*, en bas latin déroute, et non pas route, lequel vient de *via rupta*.

RUELLE (Ne pas tomber dans la).

Se dit d'un homme ivre tombé dans le ruisseau, et qui ne risque pas, comme s'il était dans un lit, de tomber dans la ruelle.

« Quiens, en v'là z'un qui *ne tumbera pas dans la ruelle*. »

Le Mariage de Janot, par Guillemain, Sc. ii. 1780.

SALADE DE COTRET. Coups de bâton.

« Je me souvien qu'i me menère chez trois ou quatre capitaines qui leur dirent qu'ils leur ficheroient une *salade de coteret*. »

Dialogue sur les affaires du temps, p. 4. S. l. n. D. vers 1748.

SANCTUS. Saing, cachet.

« Ils sont sortis ; le gendarme n'a plus été qu'un jean-f...., l'officier l'y a f...u son *sanctus*, que le manche (c'est-à-dire la garde (de son épée l'y faisoit un emplâtre. »

Journal de la Rapée ou Ça ira, N° III, p. 7. 1790.

On n'a pas besoin d'avoir fait ses études pour savoir que *sanctus* veut dire saint, et réciproquement. Il suffit d'avoir récité ses prières, au moins dans son enfance, et assisté aux offices de l'église pour ne pas l'ignorer. Or, saint et seing ayant le même son en français, durent recevoir en latin la même traduction ; c'est de la logique populaire. Cela étant, le seing de l'officier est cette même garde de l'épée, que son adhérence à la peau du gendarme fait aussi justement comparer à un emplâtre.

SATOU. Bâton, gourdin.

« Un fier *satou* au service d'ceux-là qui n'se sentiront pas la force de s'gratter eux-mêmes. »

Le Paquet de mouchoirs, p. 51. 1750.

On disait *saton*, ainsi qu'il est écrit dans des *Lettres de grâce* de 1403 (¹).

(¹) Du Cange, éd. Didot, au mot *Sapellata*.

Sçavons (Je) ce que je sçavons, et si je ne sommes pas marchand de savon.

Cette façon d'affirmer, en présence d'une personne incrédule, qu'on sait fort bien telle ou telle chose, est dans les *Ecosseuses*, p. 106, et dans *Blanc et Noir*, sc. ix, parade qui est au tome II, p. 260, du *Théâtre des Boulevards*. C'est une espèce de jeu de mots par analogie de sons, très-commune comme je l'ai déjà dit, dans le langage populaire parisien, et dans d'autres aussi.

Sein qui se cache (Par)! Espèce de jurement.

> *Par Sein qui s'cach'*, mon bon seigneur,
> V'là qui sort de sa létargie;
> Je commence à m'apparcevoir
> Que ma prière est inficace.

Les Citrons de Javotte, p. 7. 1756.

Ce *Sein* est un saint; c'est Saint Gilles qui donna lieu au dicton *faire gilles*, c'est-à-dire fuir et se cacher, « pour ce que, dit Béroalde de Verville *(Moyen de parvenir, Chapitre général)*, il s'enfuit de son pays, et se cacha de peur d'être fait roy. » Il va de soi que cette locution n'est dans aucun recueil de proverbes.

Sein n'est pas même, à la rigueur, une faute d'orthographe, c'est une forme bourguignonne : « Ceu fu faet el jor *sein* Berthremieu lapostre, etc., », est-il dit dans une charte de Renaud, comte de Bar, en 1118, citée dans les *Éléments de paléographie* de M. N. de Wailly, t. I, p. 160.

Sellette a criminel. Prostituée à l'usage des coquins.

> Je veux te procurer un habit de Vestale
> Pour une année au moins au Temple de la gale (¹),
> *Selette à criminel*, matelas ambulant.

Amusemens à la Grecque, p. 3, 4. 1764.

Serviette (coups de). Soufflets.

« Le commissaire l'a déjà menacé pour m'avoir donné des *coups de serviette*. »

Il y a remède à tout, par Pompigny, sc. ix. 1783.

Soupe-tout-seul. Misanthrope.

(¹) La Salpétrière.

« Je les entendois dire entre elles, parlant de moy : C'est un ry-gris (¹), un loup-garou, un *soupe-tout-seul*. »

Les Maistres d'hostel aux Halles, p. 108. 1671.

TABAC EN FUMIÈRE. Tabac à fumer.
TABAC EN RAPIÈRE. Tabac en poudre.

« Donne-moi un peu d'*tabac en fumière*. — J'n'ai qu'du *tabac en rapière*.

Le Déjeuner de la Râpée, p. 11. 1755. .

TALON DANS LE C.. (Se donner du). Marcher en levant haut le talon, pour marquer le pas d'une manière sensible; parader.

« Sois gaillarde, *donne-toi du talon dans le c..* »

Les Écosseuses, p. 90. 1739.

« Tout ça c'est bon pour s'aller *donner du talon dans le c..* à une parade, pour s'quarrer avec d'belles épaulettes. »

Le Drapeau rouge de la Mère Duchesne, p. 19. 1792.

TAMPONNE (Faire la). Se régaler, faire bonne chère.

PASSANDRE.

« Tien, Gilles, va-t'en à la boucherie; j'ai parlé au boucher, il te donnera pour notre souper deux aloyaux et deux bons foies de veau : tu mettras au milieu un dindon de garenne, un cochon de lait, un agneau, un...

GILLES.

« Parguenne, note maître, vous qui êtes un vilain et un ladre, queux raisons avez-vous de nous faire *faire la tamponne?* »

L'Amant poussif, parade, par Collé, sc. i, dans le Théâtre des Boulevards, t. II, p. 28.

TAPIN (Ficher le). Importuner, harceler.

« Des embaucheurs pourroient bien, .. comme on dit dans le peuple, .. l'obliger de s'enrôler, à force de lui *ficher le tapin*. »

Quelques aventures des bals de bois, p. 43. 1745.

Tapin, en langage populaire, veut dire celui qui bat du tambour; mais ce n'est pas ici sa signification. En patois genevois, *tapin* est un coup de la main, une tape. Les Parisiens l'entendaient alors ainsi. Les raccoleurs étaient fort brutaux, et c'est souvent par des arguments tirés de leurs poignets qu'ils avaient

---

(¹) Ou rit gris, c'est-à-dire triste et maussade.

raison des raccolés que les peintures des délices de la vie militaire n'avait pas suffisamment convaincus.

« Vous mériteriez que je vous foutisse un *tapin*, vieux bougre d'ableur. »

> La Guinguette patriotique, ou Dialogue entre les nommés Craquefort, colporteur de Paris, La Verdure, ancien grenadier, le père Colas, laboureur, Réo, maçon, p. 14, 13 juin 1790.

TAS (Tout-sus le). Tout-à-coup.

> Palsanguié, j'avions-t-il pas glieu
> De croire que ce bon apôtre
> Feroit mieux son devoir qu'un autre ?
> Qu'il s'en iroit du même pas
> Vous avartir *tout-sus le tas ?*

> Harangue des Habitans de Sarcelles au Roi, juin 1733. Dans Pièces et Anecdotes, Ire P^{ie}, p. 420.

TAS DE PIERRES. Prison.

« Je m'en vais cheux le commissaire, pour qu'il fasse mettre Janot dans un *tas de pierres*. »

> Le Mariage de Janot, par Guillemain, sc. XIX. 1780.

TERRINE (Être dans la). Être îvre.

« C'est l'père Cornet qu'*est dans la terrine*. »

> Le Café des Halles, par un anonyme, sc. VII. 1788.

TOUR DU BATON. Profit licite ou illicite résultant d'une opération commerciale ou industrielle, de l'exercice d'une fonction. Dans un très-grand nombre d'affaires, on stipule, sous les noms d'épingles, de pots de vin et autres, le *tour du bâton*. L'un des contractants l'exige, l'autre y consent ou le refuse ; mais consenti ou refusé, on peut être sûr que le tour du bâton sera toujours à quelqu'un. Il n'y a guère de transaction faite et parfaite qu'à ce prix.

M. Quitard estime que ce dicton est une allusion au bâton des juges suppléants qui, lorsqu'ils remplaçaient les juges ordinaires, au temps de la féodalité, grévaient les plaideurs de quelque dépense surérogatoire que ces seigneurs mêmes partageaient avec eux. Il se pourrait que ce dicton fût applicable au fait ici allégué, s'il n'était, comme je le crois, facile à prouver qu'il tire son origine d'ailleurs.

Borel le fait venir de *bas* et de *ton*, « parce que, dit-il, on promet tout bas et dit à l'oreille de celuy avec qui l'on traite, que, s'il fait reuissir l'affaire, il y aura quelque chose pour luy au delà de ses prétentions. » Borel devine quelquefois mieux que cela ; mais il y a dans cette trouvaille, de quoi discréditer toutes les bonnes.

« C'est, dit Moisant de Brieux, une allusion au bâton du maître d'hôtel. » Mais j'entends les cuisinières réclamer au nom de l'anse du panier.

Vous n'y êtes pas, s'écrie Lamonnoye, « il s'agit ici du petit bâton avec lequel les joueurs de gobelet exécutent leurs tours de passe-passe. »

Allez encore, dit Bayle (¹), et ajoutez que « l'ancien proverbe *virgula divina*, notre phrase commune, le *tour de bâton*, et ce que tous les joueurs de gobelet disent à tout coup, *par la vertu de ma petite baguette*, semblent tirer leur origine de l'usage fréquent que la tradition commune donne au bâton des sortilèges. »

« C'est, dit plaisamment Arlequin, la gratification que reçoit un auteur en sus du profit qu'il tire de sa pièce, et qui lui est payée par quelque grand seigneur, en retour d'expressions trop libres dont il s'est servi à son égard. » Fréron, Desfontaines et d'autres encore ont accepté bon gré mal gré ce genre de gratification, et le dirai-je ? Voltaire, qui s'est tant moqué d'eux à ce sujet, Voltaire, lui-même a été gratifié de la même manière par le jeune duc de Sully.

J'omets bien d'autres explications de ce terme, tellement que de tous ces bâtons on finirait par former un fagot.

L'origine de ce dicton est toute fiscale, comme celle d'un nombre infini de locutions où le souvenir de taxes levées sur le peuple aux temps féodaux, a survécu à l'abolition de ces mêmes taxes.

Le *tour*, en bas latin *turnus* et *turninus*, était une mesure ou plutôt ce qui la dépassait. C'était aussi le nom de l'impôt, soit en nature, soit en argent, qu'on prélevait sur elle.

Il est dit, dans un marché passé en 1351, entre l'abbé et les moines de Grasse, que, « chaque année, à l'Assomption, on payera quarante setiers de beau et bon froment avec ses *tours*, (*cum suis turnis*) (²). »

(¹) Au mot *Abaris*.

(²) Du Cange, éd. Didot, au mot *Turnus*.

Ce qu'on appelle ici *tours* venait d'un usage, encore en vigueur dans les marchés où le blé se vend au détail, qui consistait à niveler le blé avec un bâton ou rouleau de bois, au ras des bords de la mesure qui le recevait. Cette mesure était le boisseau ou ses divisions. Tout le surplus du blé qui tombait sous la pression du rouleau, était proprement le produit du tour de bâton, le *tour du bâton* lui-même. Ce surplus sans doute eût été peu de chose, si, dans cette circonstance, le paysan n'eût pris conseil que de son intérêt; mais notre homme avait à compter avec un personnage qui entendait le sien aussi bien que lui, et qui, de plus, avait le pouvoir de le faire pendre haut et court, s'il lui faisait tort de quelques poignées de grain, et si, comme il y était obligé, il ne remplissait pas le boisseau de manière à ce que la part du bâton fût aussi large que possible. Ce personnage était le seigneur. Il avait ses agents dans les marchés, qui surveillaient le mesurage, et l'on va voir que cette surveillance était même exercée par ses mains.

Dans une charte de l'an 1331 ([1]), on lit :

« Item, disoient encore que des *ruiz* qui à eulx appartenoient, à eulx appartenoit l'imposition à faire par leur gent et l'exécution du lever..... Quant aux *ruiz* qui audit seigneur et à sa femme appartiennent, li maires dudit priorté sera appelez au faire les deux *ruiz*, c'est assavoir aux deux *ruiz* qui audit seigneur et sa femme appartiennent chascun an, et seront levé et payé audit seigneur et sa femme par là main du mayeur doudit priorté. »

Le *ruiz* était la même chose que le *tour*, car on disait le *ruy*, le *ru* et le *rouilz* (en latin *rotulus*) *du baston*. Appliqué au blé d'abord, le *ruiz du baston* le fut ensuite à quantité d'autres denrées alimentaires mesurables ou non.

« Et si povoit et avoit accoustumé ladicte dame d'avoir le *ruy de baston* aux gélines et poulaille, et en prendre en ladicte ville, quand bon luy sembloit, parmi certain pris d'argent qu'elle en devoit pour ce paier pour chascune géline ou poulaille ([2]). »

([1]) Du Cange, éd. Didot, au mot *Rova*.
([2]) Lettres de Charles VI, dans le tome X, p. 63, des *Ordonn. des rois de France*.

Cette dame était Catherine de Grancey, dame de Cussey et
de Loches. On voit ici qu'elle payait le tour du bâton. Cela
paraît contredire la règle qui faisait de ce tour un impôt.
Mais remarquez, je vous prie ce *quand bon luy sembloit;* là
est l'explication de cette contradiction apparente. Elle signifie
ou que la bonne dame était au régime de la viande blanche,
principalement de la volaille, ou que l'accroissement et train
de sa maison exigeaient un accroissement de consommation de
cette denrée ; qu'en conséquence, et le *tour de bâton* ordinaire,
à savoir celui auquel elle avait droit gratuitement, ne lui suffi-
sant pas, elle se réservait de le prendre, *quand bon luy sembloit*, à la charge de payer ce supplément. Loin donc de détruire la règle, cette exception la confirme.

Certain comte de Champagne dont un état des revenus est
cité dans Du Cange, au mot *Rotulus,* établit un marché « pour
raison duquel le sire prent le *rouilz* des toilles et le pois
(poids). » Notez qu'il dit qu'il le prend, et il le fait comme il
le dit. Si l'on s'exprimait toujours aussi clairement dans les
contrats, il n'y aurait jamais de procès.

Dans ces deux derniers exemples, l'un de la volaille, l'autre
de la toile, il s'agit bien d'un surplus, c'est-à-dire d'une quantité de la marchandise autre que celle soumise légalement à
l'impôt. C'est là le tour du bâton. On a depuis appliqué ce mot
à tout profit qui n'est pas régulier et dans toutes les professions.

D'après tout ce qui précède, on conviendra peut-être que le
tour du bâton ne doit rien ni au bâton des juges suppléants de
l'époque féodale, ni à celui du maître d'hôtel, ni à celui de
l'escamoteur ; il n'a pas davantage, ou plutôt il a moins encore
l'origine ridicule que Borel lui donne. Si la solution que je
propose paraît contestable, on doit convenir aussi qu'elle a
plus de vraisemblance que toutes les autres, et repose sur des
fondements plus solides.

TRAINS (Petits-). Petits ouvrages à la main destinés à un
usage religieux.

> Vendre chapelets, oraisons,
> *Petits-trains*, petits reliquaires,
> Cordons, ceintures, scapulaires, etc.

Harangue des habitans de Sarcelles au roi. Juin 1733. Dans
l'ièces et Anecdotes, 1re Pie, p. 427.

TRAIT-CARRÉ. L'absolution donnée au pénitent par le signe de la croix.

> Quand une femme emmitouflée
> Ira conter sa râtelée
> A queuque vicaire ou curé,
> Pour recevouar le *trait-carré*.

Première Harangue des Habitants de Sarcelles à Mgr. l'archevêque de Sens. Avril 1740. Dans Pièces et Anecdotes, 1re Pie, p. 295.

Le trait carré, au sens propre, est une ligne qui en coupe une autre à angles droits. C'est ce qui a lieu quand on se signe.

TRONCHINADE. Mets rôti que je ne saurais désigner, mais qui sans doute doit son nom au docteur Tronchin, médecin alors à la mode, soit qu'il ait été inventé par lui, soit qu'il en ait été le mets favori, soit enfin que le véritable inventeur l'ait baptisé de ce nom pour lui donner plus de vogue.

CASSANDRE.

« Qu'est-ce que vous nous donnerez, notre hôte?

ARLEQUIN.

« Ce qu'il vous plaira, une *tronchinade*, par exemple, si vous voulez, avec une bouteille de vin, à la broche. »

Léandre ambassadeur, sc. xv, dans le Théâtre des Boulevards t. III, p. 95. 1756.

TRUYE (Fils de).

Se disait d'un individu qui prend la fuite, c'est-à-dire qui *file*, par allusion à la *Truye qui file*, enseigne célèbre à Paris, vers le milieu du XVIIe siècle.

> J'ay cru que nostre arrest d'oignon ([1])
> Me porteroit un jour guignon.
> Pour cela (c'est un *fils de truye*)
> Mon Éminence s'est enfuie.

Humble requeste de son Éminence adressée à Messieurs du Parlement, p. 4. 1649.

Ce qui est entre parenthèses est la réflexion de l'auteur de la pièce.

VANNER. Aller, partir.

([1]) Union.

« C'est dit, Javotte, tu peux *vanner; vanne, vanne.* »

Le Galant savetier, par Saint-Firmin, sc. I. 1802.

. . . . Mais copères,
Vannons avec nos trois commères.

L'Écuelle, poëme, chant 1er, dans le Petit neveu de Vadé,
p. 80. 1791.

J'm'en allais; garre à vous. Rang'toi d'là;
Faut que j'*vanne.*

Ibid., chant III, p. 60.

Quoi! tu n't'apperçois pas qu'eun'charogne t'infecque :
Allais, mon cher Monsieur, croyais-moi z'et *vannais;*
Je vous aimons ben, mais vout haleine est suspecque.

Étrennes, dans le Petit neveu de Vadé, p. 69. 1791.

C'est une forme analogique. *Je va, tu vas, il va,* entraînant
nécessairement *nous vanons; vous vanez, ils vannent,* et ainsi
pour tous les autres temps.

VESPASIEN (Noir comme un)

Madame CASSANDRE.

« Mais ciel! barbare, que trouvez-vous donc dans ma fille?
Elle est mal élevée, elle est sèche comme un brandier (¹), *noire
comme un Vespasien...* en un mot elle n'a point...

LÉANDRE.

« Mais, Madame, puisque je l'aime à cette sauce-là. »

La Mère rivale, parade, sc. II, dans le Théâtre des Boulevards, t. III, p. 145. 1756.

Cette locution vient, je crois, de ce qu'au temps où cette
parade fut écrite, il y avait très-problablement au musée de
sculpture, un buste représentant Vespasien. Aux XVIe et
XVIIe siècles, on aimait ce marbre dont les anciens se servaient
pour faire des portraits.

VEUVE J'EN TENONS (Être logée chez la). Être enceinte.

« Et si! mon enfant, tu dis toujours la même turlure. Eh
bien, *tu es logée chez la veuve J'en tenons?* Voyez le grand mal-

_____

(¹) *Brandieux,* homme réduit à un état de maigreur extrême par la
dyssenterie.

heur ! Si toutes les filles se pendoient pour ça, vraiment, il
n'y auroit pas tant de femmes mariées. »

> Les Écosseuses, p. 89. 1739. — Quelques Aventures des bals
> de bois, p. 30. 1745.

VIDI AQUAM (Le chemin de). La fuite. VIDI AQUAM (Faire).
Fuir.

> D'Aumont, dans ce mesme moment,
> Voulut avec bonne escorte
> Du grand Chastel saisir la porte ;
> Mais il fut bientost rechassé,
> Et par après bien repoussé
> Avec Biron dans la Calandre,
> Où on leur fist bientost apprendre
> *Le chemin de Vidi aquam,*
> Sous peine d'un bon Requian.

> Récit véritable de ce qui s'est passé aux barricades de 1588,
> depuis le 7 mai jusqu'au 1ᵉʳ juin en suivant. p. 12. 1649.

« Vous ferez beaucoup plus que le preux et vaillant Achille,
car il est mort par le talon, et les vostres (¹) vous sauveront la
vie, en *faisant Vidi aquam*, l'eau béniste de Pasques. »

> La Comédie des Proverbes, Act. III, Sc. III. 1633.

C'est une allusion à l'antienne qu'on chante le jour de Pâques, lors de l'aspersion de l'eau bénite, et qui est ainsi conçu :

*Vidi aquam egredientem de templo a latere dextro, alleluia !
omnes ad quos pervenit aqua ista salvi facti sunt, et dicent
alleluia ! alleluia !*

» J'ai vu sortir de l'eau du côté droit du temple, et tous ceux
qui ont été mouillés de cette eau, sont sauvés, et disent *alleluia !* »

Mais l'allusion serait incompréhensible, si l'on n'y démêlait
un jeu de mots qui lui donne toute sa clarté, et qui porte sur
les termes *salvi facti sunt.* En effet, ne dit-on pas de ceux qui
fuyent, qu'ils *se sauvent ?* La traduction n'est pas exacte sans
doute, mais on n'y regarde pas de si près dans un jeu de mots.

VISTACHE (Sainte). Saint Eustache.

(¹) Vos talons.

« Enfen, la Guieu grâce et Madame *Sainte Vistache*, je l'avons échappé belle. »

Troisiesme partie de l'Agréable conférence de deux païsmes de S. Ouen et de Montmorency, p. 3. 1649.

Beaucoup de paysans des environs de Paris, et sans doute aussi une partie du peuple de Paris, prenaient alors saint Eustache pour une sainte. L'obligation où l'on est de faire sentir, dans sa prononciation, la liaison du *t* final de *saint* avec la voyelle initiale d'*Eustache*, et cette même liaison ayant pour effet de donner à l'adjectif masculin saint le son de son féminin sainte, telles étaient les causes de cette méprise.

YVOIRES. Dents.

« Nous voicy entrez bien avant, sans chaussepied, dans les sandales du Caresme, ce grand colosse descharné qui, tenant de l'humeur des Portugais, ne veut point de cure-dent pour escurer ses *yvoires*, après son repas. »

Les de Relais, ou Purgatoire des bouchers, chaircutiers, poullayers, patisiers, cuisiniers, joueurs d'instrumens, comiques et autres gens de mesme farisne, p. 2. S. D.

Yvrer (s'). S'enivrer.

> De vous aussi ne voulons brin
> Qui tenant du vin du pourceau,
> Vous *yvrés* et dormez soudain
> Comme porcs après le morceau.

Lettre d'Ecorniflerie et Déclaration de ceux qui n'en doivent jouyr, p. 56. S. D.; dans Variétés historiques et littéraires, publiées par M. Ed. Fournier, T. IV, p. 47.

Extrait de la *Revue de l'Instruction Publique.*

Années 1874-1875.

www.ingramcontent.com/pod-product-compliance
Lightning Source LLC
Chambersburg PA
CBHW071228290326
41931CB00037B/2424